考古中国

重大项目成果（2021）

国家文物局　主编

文物出版社

图书在版编目 (CIP) 数据

考古中国重大项目成果 . 2021 / 国家文物局主编 .
－－ 北京：文物出版社，2022.9
ISBN 978-7-5010-7758-8

Ⅰ . ①考… Ⅱ . ①国… Ⅲ . ①考古发现－中国－
2021 Ⅳ . ① K87

中国版本图书馆 CIP 数据核字 (2022) 第 137054 号

考古中国重大项目成果（2021）

主　　编：国家文物局

责任编辑：孙　丹　崔叶舟

书籍设计：特木热

责任印制：张　丽

出版发行：文物出版社

社　　址：北京市东城区东直门内北小街 2 号楼

邮　　编：100007

网　　址：http://www.wenwu.com

经　　销：新华书店

印　　刷：河北鹏润印刷有限公司

开　　本：787mm×1092mm 1/16

印　　张：12.75

版　　次：2022 年 9 月第 1 版

印　　次：2022 年 9 月第 1 次印刷

书　　号：ISBN 978-7-5010-7758-8

定　　价：180.00 元

ARCHAEOLOGY
CHINA

ACHIEVEMENTS OF MAJOR PROJECTS
（2021）

NATIONAL CULTURAL HERITAGE ADMINISTRATION

Cultural Relics Press

序　言

中华文明源远流长、博大精深，是中华民族独特的精神标识，是当代中国文化的根基，是维系全世界华人的精神纽带，也是中国文化创新的宝藏，延绵至今未曾中断，为人类文明进步事业作出了重大贡献。考古工作者不断探索未知，揭示本源，逐步还原中华文明从涓涓溪流到江河汇流的发展历程。

2021 年，中国考古学迎来了百年华诞。2021 年 10 月 17 日，习近平总书记致信祝贺仰韶文化发现和中国现代考古学诞生 100 周年，强调要努力建设中国特色、中国风格、中国气派的考古学。10 月 28 日国务院办公厅印发《“十四五”文物保护和科技创新规划》，要求推进“考古中国”重大项目，科学阐释中国境内人类起源、文明起源、中华文明形成、统一多民族国家建立和发展、中华文明在世界文明史中的重要地位等关键问题，揭示中华文明的历史文化价值和核心特质。

国家文物局积极贯彻习近平总书记关于考古工作的重要论述，落实国务院决策部署，统筹推进“考古中国”夏文化研究等 10 个在研项目，启动川渝地区巴蜀文明进程研究等 6 个新项目，不断拓宽中华文明研究的时空范围和覆盖领域，广大考古工作者踔厉奋进，取得丰硕成果。

同时，国家文物局加强考古成果阐释宣传，利用“考古中国”重大项目平台及时推介考古新发现，2021 年召开 6 次“考古中国”重大项目重要进展工作会，集中发布了旧石器时代考古、新石器时代考古、长城考古以及汉唐都城、帝陵与边疆考古等重点领域 18 项重大成果，协调中央广播电视总台、新华社、人民日报、中国文物报等主流媒体，科学解读考古成果的价值内涵、社会意义。国务院新闻办、国家文物局、四川省人民政府共同主办中华文化全球推广之“走进三星堆·读懂中华文明”，中央广播电视总台多次开展考古现场直播，全方位、多维度展现三星堆文化独特魅力，收获百亿级传播量，受到社会各界广泛关注。

2020 年、2022 年，习近平总书记先后主持中共中央政治局第二十三次、第三十九次集体学习，就考古工作、中国文明历史研究发表重要讲话，强调要努力建设中国特色、中国风格、中国气派的考古学，把中国文明历史研究引向深入，对考古工作提出了明确要求，为考古事业发展与考古学科建设提供了根本遵循。

国家文物局将坚决贯彻落实习近平总书记的重要论述精神，按照《“十四五”文物保护和科技创新规划》《“十四五”考古工作专项规划》任务部署，持续推进“考古中国”重大项目，密切考古学和历史学、人文科学和自然科学的联合攻关，深化中华文明特质和形态研究，回答好中华文明起源、形成、发展的基本图景、内在机制以及各区域文明演进路径等重大问题，努力推动“考古中国”重大项目成果宣传、推广、转化工作，不断提升中华文明影响力和感召力。

考古中国
重大项目成果
（2021）

目 录

其他研究项目

中原地区文明化进程研究项目

中原地区（包括河南、陕西、山西、河北等省份）是仰韶文化的核心分布区，在中华文明多元一体格局形成研究中具有重要地位。已有考古发现与研究显示，中原地区在公元前3800年前后社会呈加速发展之势，例如属于仰韶文化中晚期的灵宝西坡－北阳平遗址、孟津妯娌遗址、高陵杨官寨遗址等已经出现了不同程度的聚落分化和社会复杂化的现象，是中原地区文明化演进的重要阶段。公元前2300年前后，中原各地陆续进入龙山时代，城址林立，社会动荡，酝酿变革整合，为新的发展持续积蓄力量。至公元前1800年前后，这一区域诞生了以偃师二里头遗址为核心的成熟文明和王朝国家的崭新形态，开启了持续约三千年的以中原为中心的历史发展进程，成为中华文明总进程的核心与引领者。

现阶段与中原地区史前社会复杂化和早期文明化进程相关的考古工作，开展的广度和深度还远远不够，特别是关键时段的一些重要遗址缺乏持续系统的考古发掘研究工作。为深入认识中原地区早期文明化进程的基本特征以及其在中华文明起源中的作用，2020年5月，国家文物局将"中原地区文明化进程研究"纳入"考古中国"重大研究项目。

本项目以公元前3800年至公元前2300年中原地区的考古学文化为研究对象，包括仰韶中晚期文化、庙底沟二期文化等，这是中原地区新石器时代文化与社会复杂化发展至顶峰及其后调整的阶段。

项目研究重点首先是完善仰韶文化中晚期至庙底沟二期文化阶段考古学文化谱系与年代框架；其次为对代表性或高层级中心聚落的研究，搞清区域聚落形态变迁的历时性过程，进而考察其背后的社会组织结构及演变，明确中原地区社会复杂化进程和文明化特征；再次，利用多学科交叉的方法，综合开展环境、资源与生业经济的研究，揭示区域文明演进道路多样性的环境基础与农业经济系统，并利用体质人类学等方法开展人类生存状况的研究。本项目旨在结合多学科、多途径的自然科学手段尽可能全面地获取古代人类社会信息，展示多层面的古代社会图景，在此基础上，深化对早期国家的特征、社会结构、区域互动等理论的认识与阐释。

项目开展两年来，发掘的遗址主要有仰韶文化中晚期的渑池仰韶村、灵宝北阳平、高陵杨官寨、宜阳苏羊、郑州双槐树、郑州大河村、武安赵窑以及庙底沟二期的沁水八里坪等，均取得了重要收获。

项目的实施从整体上推进了中原地区早期文明化相关问题的研究，已获得的基本认识为：在约公元前3800年开始的仰韶文化中期，中原地区的社会复杂化及文明化已显著呈现，而到约公元前3300年仰韶文化晚期，中原地区已经迈入文明社会，成为中华大地上最早出现的早期文明之一。

推动项目的深入开展，将有利于廓清中原地区文明的产生、形成、发展的演进历程，提炼、总结出中原地区文明的特点与标志、发展模式，认识其对中华文明延绵不断、多元一体格局形成的重要作用。

■ 撰稿：魏兴涛

仰韶文化与华夏文明
——从农业起源到城市革命

仰韶文化是中国新石器时代黄河流域的一支重要考古学文化，在中国史前社会发展史上占有举足轻重的地位。研究表明，仰韶文化孕育了诸多华夏文明的核心基因，它在中原地区发生、发展和繁荣壮大的过程也正是华夏民族从"农业起源"到"城市革命"的早期文明化进程。因此，对仰韶文化的深入研究是我们探寻华夏民族起源与中华文明多元一体进程的关键。

从考古学上看仰韶文化与华夏文明的关系，可以从以下四个方面解读：

一、仰韶文化的经济基础

仰韶文化以粟作农业为基础。研究表明，至少在距今 8000 年，北方地区普遍出现了栽培的粟、黍。以兴隆洼、磁山、裴李岗、大地湾等为代表的新石器时代中期遗址，大致分布在东亚季风降水带的北部边缘一线。从栽培的作物品种来看，均以黍的比例最突出，粟次之，同时人们还大量采食栎果、酸枣等野生果实。家畜方面，驯化的狗在新石器时代早期的河北徐水南庄头遗址已经出现；虽然有家猪早期驯化的证据，但北方地区缺少发现。如此表明，处于早期驯化阶段的以黍为主的粟作农业经济并不成熟，而这种情况在进入仰韶文化之后得到了很大的改观。

距今 6000 年前后，随着仰韶文化的兴起，粟作农业迅速发展成熟起来，主要表现就是粟的比例大大增加，黍的比例下降，与此同时采集大豆的比例开始上升，豆类资源的利用提高。值得注意的是，中原地区有一些仰韶文化遗址还存在数量不多的水稻，表明随着稻作农业的北传，仰韶文化成熟的粟作农业经济体系中已经出现了混作的特征。伴随着仰韶文化粟、黍、豆、稻的作物品种组合模式逐渐成熟起来，仰韶文化的家畜和动物资源利用模式也基本固定下来。碳氮稳定同位素比值的分析表明，猪和狗都是以粟、黍为原料进行喂养的，同时仰韶人还普遍狩猎鹿等野生动物。上述原始农业经济模式可以看作是成熟的粟作农业模式，它不仅是在仰韶文化中孕育发展起来的，同时也奠定了仰韶文化繁荣大发展的经济基础。

二、仰韶文化的繁荣与扩张

在成熟粟作农业的基础上，仰韶文化得以繁荣发展。首先是由人口的增加带来的聚落数量和规模的扩大。距今 6000 年前后，仰韶文化半坡类型后期开始由关中和晋南地区大规模向外扩张，尤其是向以郑洛为中心的中原核心

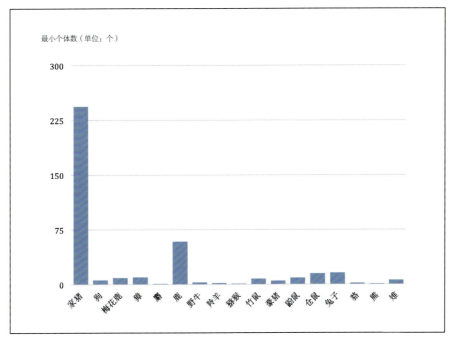

最小个体数（单位：个）

仰韶文化的动物组成（数据来自灵宝西坡遗址）

（马萧林：《河南灵宝西坡遗址动物群及相关问题》，《中原文物》2007年第4期。）

区的扩张促成了东庄类型的出现和庙底沟类型的兴起。

进入仰韶文化中期阶段时，庙底沟类型形成了关中和豫西两个大的文化发展中心。考古区域系统调查表明，这两个区域不仅聚落数量庞大，而且还出现了陕西高陵杨官寨和河南灵宝北阳平、西坡等面积数十万至百万平方米的大型中心聚落。其中，杨官寨遗址发现了规模宏大的仰韶文化公共墓地，推测集中埋葬的人口数量超过两千，是该地区仰韶文化庙底沟类型长期繁荣、稳定发展的直观表现。庙底沟类型繁荣的关中和豫西地区，正是徐旭生先生通过文献梳理所推定的古史传说中"炎帝"和"黄帝"的活动区域。从考古学文化的年代上看，大致为距今6000~5000年，前后延续了一千年的时间。

仰韶文化的一个重要特色是制作精美的彩陶，因此仰韶文化又被称为中国的"彩陶文化"。庙底沟时期的彩陶则表现出相当统一的纹样模式，以各类鱼鸟、花卉和几何纹样为主要特色，遍布整个黄河中上游地区，甚至其影响远至辽西地区、黄河下游和长江流域。值得注意的是，尽管庙底沟文化彩陶发达，但从考古发掘出土遗物的统计看，彩陶在仰韶文化典型陶器组合中所占的比例不足10%，似乎说明彩陶并非简单的日用器类，或许有特殊的用途。尽管学界对庙底沟彩陶纹样有不同的解读，但多数学者倾向于认为，彩陶代表了一种精神层面的共性，是"早期中国文化圈"的核心要素。近年来，植物考古、古DNA等新技术手段的研究表明，庙底沟文化彩陶的传播与成熟粟作农业和人群的扩散是同步展开的。可见，仰韶文化的繁荣与扩张对于推动整个中国史前文化、文明的传播和人群的扩散都起到了重要的作用。

三、仰韶文化的社会结构

仰韶文化时期是史前氏族社会的大发展阶段，仰韶文化的社会结构可以从其"大房子"和多人合葬墓窥见一斑。

仰韶文化的"大房子"集中发现在庙底沟时期，分布范围甚广。河南灵宝西坡、陕西白水下河、山西离石德岗、甘肃秦安大地湾等都曾发现面积超过200平方米的方形或五边形的"大房子"。灵宝西坡遗址的F105，如果算上外围回廊，面积超过500平方米。这些"大房子"不仅内部空间宽敞，而且建筑结构讲究，地面反复铺设，有的还有彩绘的墙皮。这些"大房子"常常位于成组分布的居住房屋的中心位置，根据民族志的记录推测，此类"大房子"并非一般的居住空间，而是社群的公共议事场所，是对整个社群重大事务进行集体商讨和决议的地方。近年来，有研究者利用微体植物遗存的鉴定和分析，推测在仰韶文化的"大房子"里可能还有集体的宴饮行为，这也被看作是凝聚社会力量和彰显社会权力的一种方式。由此可见，集体权力的行使是仰韶文化社会组织活动的一个重要特征。

多人合葬墓也是仰韶文化的一个特色，在陕西华县元君庙、华阴横阵和河南灵宝晓坞、邓州八里岗、汝州洪山庙等遗址均有发现。多人合葬墓的具体形式有所不同，元君庙是独立的合葬坑，横阵为"大坑套小坑"，八里岗有二层台而且还随葬大量猪下颌，洪山庙则是大坑中放置成人瓮棺。虽然各地的多人合葬形式不同，但"合葬"本身是一个重要的共性。合葬人数，少则数人，多则上百人。

早期的研究者常将仰韶文化的合葬墓看作是血缘关系密切的家族、氏族或胞族的集中埋葬行为。近年来考古学家通过对八里岗遗址庙底沟期晚段的合葬墓M13的个案研究，揭示出这座合葬墓中的个体死亡年龄差可能超过200年，且以青壮年和中老年为主，并不构成完整的族系关系，也不存在单纯的母系血缘。因此，研究者认为多人合葬墓更可能是以整个社群为单位，每隔一段时间所进行的集体埋葬行为，属于仰韶文化一种特殊的葬仪。仰韶文化的小型聚落通过这种葬仪活动，达到增强社群凝聚力的目的。可见，多人合葬墓与"大房子"一样，实际上反映了仰韶文化相同的社会组织结构特点，即对社群集体行为的特别关注。这就为仰韶文化晚期之后以集体权力（collective power）的率先呈现为特征的中原社会复杂化道路奠定了基础。

四、仰韶文化与华夏文明

距今5000年前后，仰韶文化逐步进入到晚期发展阶段。这一时期的一个突出时代特点是，大量周边地区的考古学文化进入中原，尤其是黄河下游的大汶口文化、长江中游的屈家岭—石家河文化和北方地区的西王类型—庙底沟二期文化。这一时期多元文化在中原地区的汇聚，为中原仰韶社会的发展提供了新的动力，带来了新的契机，开启了中原地区早期城市化的进程。主要有如下几个重要特征：

第一，人口大量集中于中心聚落，出现了早期的城乡一体的新型聚落布局模式。河南巩义双槐树是其中最大的一处，面积超过100万平方米，次一级的中心聚落包括河南郑州大河村、郑州西山、广武青台、荥阳汪沟、荥阳楚湾等。这些中心聚落发展成早期城市，西山还出现了

灵宝西坡大型房址 F106

中原地区最早的版筑夯土城墙。这种先进的版筑技术在之后龙山时代的新密古城寨城址被进一步发扬光大，并延续至夏商时期，成为北方地区筑城技术的直接源头。值得注意的是，这些仰韶晚期的中心聚落往往拥有多重环壕，有研究者认为多重环壕可能是人口不断集中，聚落范围由中心不断外扩的反映。

第二，在城市中心开始出现分区规划的建设理念。巩义双槐树聚落不仅集中分布着多进院落式大型建筑，而且出现了最早的夯土围垣结构。以围垣划分聚落功能区的特点，在之后龙山时代的河南登封王城岗、淮阳时庄都有表现，并延续至二里头时期。而围垣与交通道路系统的结合，成为二里头都城"井"字形大道和九宫格式城市布局的重要源头。城市规划建制强调的是秩序和规范，是仰韶文化以来强调公共事务管理和集体权力的进一步发展的表现。

第三，仰韶晚期社会成员之间的分化开始加剧。一些表现个体身份的大型墓葬出现在灵宝西坡、伊川伊阙城、孟津妯娌等遗址。这些仰韶晚期大墓不仅单体墓葬规模大，有二层台结构和棺椁等葬具，而且还出现了随葬玉、石钺等源自黄河下游东方社会突出个体权力（distributive power）特点的新因素。表明仰韶晚期社会在着重发展集体权力和世俗管理的同时，也开始借鉴东方礼制中凸显个体权力的特点，进一步完善了"集体与个体""神权与王权"相结合的社会权力体系。

总之，从仰韶文化晚期开始出现的中原早期城市化的新特点，对中原华夏文明的发展具有

八里岗遗址仰韶文化多人合葬墓 M13

承上启下的关键作用，它开启了龙山时代社会大变革的序幕，并为二里头夏王朝和世俗王权国家的兴起奠定了坚实的基础。

（原文发表于《中国文物报》，略有删减）

■ 撰稿：张海

ABSTRACT

The Yangshao culture, which was based on the development of millet cultivation and widely-spread painted pottery, can be regarded as a developmental peak in prehistoric China. During the Miaodigou phase, large settlements emerged in different areas of the Yellow River valley, which acted as regional centers. The urbanization of the late Yangshao further promoted the development of local societies in the Central Plain of China into early state-level civilizations. The emphasis on the management of public affairs and collective power that arose in Yangshao became a key characteristic for the Civilization of Central China.

仰韶文化和中华文明
多元一体进程

1921 年，仰韶遗址的发掘和仰韶文化的命名，开启了以考古学方法对中华文明起源的科学探索。百年探索得到的一个重要结论是：中华文明的形成，在辽阔的地理背景中展开，经历了各地区多元发展、相互碰撞，最终融合为一体的宏大历程。在此多元一体的视角下，仰韶文化在中华文明形成中的重要作用更加凸显，可以归纳为以下几点。

一、仰韶文化是影响最为深远的中国史前文化

仰韶文化以黄土高原为核心区域，是持续时间最长、覆盖范围最广、影响最为深远的中国史前文化。

甘肃天水大地湾遗址前仰韶时期的大地湾一期文化表明，陇原和关中盆地一样，是孕育仰韶文化的核心地带。新发现的甘肃张家川圪垯川遗址，为仰韶文化半坡类型晚期聚落。环壕、围绕中心广场的向心式布局、以大型房址为核心的房屋分组，均与陕西临潼姜寨半坡类型聚落一脉相承，见证着陇原腹地与关中盆地的紧密联系。圪垯川特征鲜明的半坡类型晚期彩陶，以优美的弧线表现写实的游鱼，以弧线三角加圆点构成简化

鸟纹，确立了随后的仰韶文化庙底沟类型彩陶的鱼鸟转化主题和风格基调。这再次证明，陇原地区是完成半坡类型向庙底沟类型转变及庙底沟风格彩陶广泛传播的策源地。

新近发掘的山西夏县师村遗址，为目前所见晋南和豫西地区内涵最丰富的仰韶文化早期聚落。张忠培先生深入讨论过的后冈文化，与仰韶文化半坡类型东西对峙，已经破除了仰韶文化的"中原"性。师村遗址所属的仰韶文化东庄类型，兼具本地和后冈文化因素，与半坡类型有重要差别，更加明确了典型仰韶文化的西部性。

新发现清晰地揭示，仰韶文化先民是"黄土的儿女"。

二、仰韶文化庙底沟类型形成了"集体取向"的独特发展道路，影响深远

距今 6000~5300 年，是中国史前时代灿烂的转折期，各地区社会普遍发展形成"古国"。仰韶文化庙底沟类型以晋陕豫交界地区为核心，覆盖范围最广，人口规模最大，为中华文明的形成和发展积蓄了最深厚的人力和物力基础。庙底沟社会形成了"集体取向"的独特发展道路，影响深远。

在这一重要时期，黄河下游的大汶口文化出现随葬品多达百余件的大型墓葬。在长江下游，安徽凌家滩遗址出现祭坛、积石圈和大型墓葬，规模最大者出土随葬品330件，包括玉器约200件，其中有长72厘米、重达88千克的玉猪。江苏东山村遗址发现目前崧泽文化最高规格的墓葬，随葬大量陶器和玉器。在长江中游，湖北大溪文化晚期龙王山墓地墓葬等级差别明显。在辽西地区，红山文化的发展达到顶峰，出现了辽宁牛河梁遗址群，在方圆50平方千米的"圣地"内，集中分布着祭坛、冢墓和"女神庙"，大型墓葬随葬有特殊内涵的玉器。

在仰韶文化庙底沟类型的核心地区，河南铸鼎原周围的系统聚落调查显示，最大的北阳平遗址面积近100万平方米，次一级的中心性聚落西坡遗址面积40多万平方米，聚落呈现明显的等级化。西坡遗址核心部位很可能存在一个广场，四角都有大型半地穴房屋；西北角的F105室内面积约200平方米，外有回廊，整体占地面积500余平方米；西坡墓地的34座墓葬等级差别明显，主要表现在墓圹规模上，大型墓葬并无奢华随葬品。与其他地区相比，庙底沟社会"朴实执中"、重视宗族和集体事务的发展道路，如黄土般厚重，积蓄了中国式文明型国家构建的重要底蕴。

三、庙底沟类型特征鲜明的彩陶广泛传播，促进了各地区一体化

与上述各地多元发展同样重要的是，各地新生的古国领导者们踌躇满志，朝气蓬勃，有着很强的探索远方、相互交流的欲望，他们努力开展远距离交流，获得远方的珍稀物品和神圣

西坡墓地大型墓葬 M27

知识。这样的交流催生了一个在地域和文化上均与历史时期中国契合的文化共同体，因此被称作"中国相互作用圈"和"最初的中国"。至此，中国史前时代形成了"多元一体"式文明演进的宏大格局。

庙底沟风格彩陶以如同鲲鹏之变的鱼鸟转化为核心主题，经常以如同花朵绽放的构图，表现群鸟孕生之生机勃勃，达到彩陶艺术的高峰。由此掀起的彩陶艺术浪潮，波及广泛，东到大海，南抵长江，北到河套和辽河流域，西到甘肃，成为"最初的中国"一体化进程中最靓丽的符号。

四、距今 5300 年左右，庙底沟类型核心地区的社会解体，促进文化整合

距今 5300 年左右，在庙底沟类型核心地区的社会解体，引发大规模人群移动，促成西北地区的大范围整合，极大拓展了中华文明形成的空间。

仰韶文化晚期，在庙底沟类型覆盖的广大地区中，被认定为核心区的晋陕豫交界地区呈衰落之势，洛阳盆地以东地区经历着海岱地区大汶口文化西进和江汉地区屈家岭文化北上的洗礼。大地湾遗址 F901 大型房址和新近重启发掘的庆阳南佐遗址宫殿式建筑表明，陇原地区坚守着仰韶文化传统，达到了新的社会发展高度。

西坡遗址大型房址 F107

庙底沟人群进一步西进形成马家窑文化，将彩陶艺术推向巅峰。马家窑文化先民南下四川盆地，成为目前所知该地区最早的农业居民。向西，则越过陇山，进入洮河和湟水流域，并直入河西走廊，打开了中国和欧亚腹地交流的通道。中华文明的发展，由此有了更辽阔的空间，也受到了直通两河流域文明腹地、贯穿欧亚大陆的新鲜文明因素的激发。

五、龙山时代，陶寺文化和石峁文化汇聚各方因素，达到了早期国家的社会发展高度

距今 4300~3800 年的龙山时代，仰韶文化系统的庙底沟二期文化发展形成陶寺文化和石峁文化，它们汇聚各方因素，达到了早期国家的社会发展高度。

此时期最重要的遗址，是与文献记载中尧的活动区域符合的山西临汾盆地的陶寺遗址。该遗址有两重城垣，外城面积约 300 万平方米；内城可能是宫城，发现大型建筑的夯土基址；在外城南垣外发现可能与观察时令有关的观测台。陕西神木石峁遗址有总面积超过 300 万平方米的三重石筑城墙，城墙内砌有玉器，城门有女性头骨祭祀坑；位居最高点的"皇城台"是利用自然山体整修而成，呈金字塔形，分十多阶，每阶高 3 到 4 米，用石块砌成护坡，夹杂内涵丰富的石雕。

陶寺墓地表现出明显的等级分化，漆柄玉钺、刀、俎、豆、磬、鼓和玉器等表现出明显的源自海岱地区的东方礼仪；石峁的宗教信仰也明显继承了良渚文化因素并深受江汉地区肖家屋脊文化的影响。但两个地区如此迅速的社会发展，都是以庙底沟人群移动引发的西北地区文化激荡整合为背景的。两地文化的基本面貌，均传承自仰韶文化系统的庙底沟二期文化；两地的羊和金属冶炼技术的出现，也得益于庙底沟人群开辟的西部文化传播通道。

六、二里头文化的强势崛起，同样得益于仰韶文化传统

距今约 3800 年，二里头文化以洛阳盆地为中心强势崛起，同样得益于仰韶文化传统。

河南偃师二里头遗址被普遍认为是夏王朝之都城。二里头文化之前身是河南龙山文化，由西进的大汶口发展而来，二里头政权的崛起难以被归因于自庙底沟时期就已经形成的集体取向的社会发展模式的胜利，而更像是环嵩山地带龙山丛体中因风云际会造就的英雄人物，融汇兽面、龙身、玉瓒（柄形器）、漆觚、镶嵌、琢玉、冶铜、筑城、建宫、铺道、排水、行车、五谷、四畜等各种已有的宗教、政治、经济和军事成果，施展陶寺王者即已形成的推动各地区一体化的政治宏图成就的伟业。二里头文化最精彩的遗物，包括青铜器、绿松石镶嵌器和玉器等，均与宗教仪式有关，使用玉瓒的裸酒之礼可以直接追溯到良渚文化。商文明灿烂的青铜艺术和浓厚的宗教气氛与此一脉相承。中华文明形成和早期发展内容之瑰丽，也绝非有学者总结的"朴实执中"的"中原模式"可以概括。

但是，近年来河南巩义双槐树遗址发现的仰韶文化晚期的大型庭院式建筑，表现出与二里头宫殿的密切联系，引发学界慎重思考仰韶文化社会形成的凝聚社会、表达权力的政治传统，在早期王朝构建中的重要作用。

百年之前，安特生发现仰韶文化彩陶和中亚地区彩陶、黑海西北部特里波利彩陶的相似性，提出仰韶文化西来说，困扰学界。现在，中国文化西来说早已烟消云散。中国考古学家在多元一体的视角下，必将更加深刻地认识仰韶文化在中华文明形成中的重要性。

■ 撰稿：李新伟

ABSTRACT

The excavation of the Yangshao site and the following establishment of the Yangshao culture in 1921 commenced the scientific exploration of origins of Chinese civilization through the archaeological method. One of the major conclusions of this hundred-year exploration is that Chinese civilization underwent a grand trajectory characterized by pluralistic unity. In light of this perspective, the important roles that the Yangshao culture played in the formation of Chinese civilization can be summarized in the following aspects. Firstly, the Yangshao culture, centered upon the Loess Plateau, is the Chinese prehistoric culture with the longest duration, largest scale, and the most far-flung influence. Secondly, the Miaodigou phase of the Yangshao culture (6000–5300 BP) laid an essential foundation in population and material resources for the formation and development of Chinese civilization. The unique developmental trajectory with an emphasis on collective values formed during this period, generating far-reaching influence. Thirdly, the widespread use of painted pottery in pronounced Miaodigou styles promoted unity across regions. Fourthly, the social collapse in the heartland of the Miaodigou culture around 5300 BP stimulated large-scale population movement, resulted in a broad cultural integration over Northwest China, and thus greatly extended the space for the formation of Chinese civilization. Lastly, as the Miaodigou Phase II groups of the Yangshao culture system continually developed during the Longshan period (4300–3800 BP), the Taosi and Shimao cultures formed through absorbing multi-regional components, and finally reached a high level of development typically found in early state.

仰韶故乡，文明之源
——河南仰韶文化发现与文明化进程研究新进展

1921 年河南渑池仰韶村遗址的发掘，标志着中国现代考古学的诞生。这次发掘发现并命名了中国第一支考古学文化——仰韶文化，由此拉开仰韶文化研究的恢宏序幕。经过百年来的辛勤探索，仰韶文化的重要地位已被初步揭示。

仰韶文化是我国分布范围最广的考古学文化，涉及 10 多个省区，延续时间长达两千余年，大体可分为初、早、中、晚四个发展阶段（本文采用此说），在其广阔的分布区域内可分为不同的类型或文化，是一支巨大的文化丛体或文化系统，内涵极其丰富。

同时仰韶文化是我国史前时期影响极为深远的主干性文化，是多元一体"重瓣花朵"式史前文化发展格局的"花心"。以粟、黍为主要农业基础的仰韶文化在黄河流域持续稳定发展，至仰韶文化中期文化繁盛并强力向外扩张，使得中国大部地区的考古学文化交融联系形成相对的文化共同体，为后来统一文明的产生提供了重要根基，

形成了"早期中国文化圈"或者文化上的"早期中国"[1]。仰韶文化中期即发生了显著的社会分化现象，在仰韶中晚期之际郑州西北及陇东等区域率先迈入文明的门槛，成为中华文明五千多年历史的考古实证之一，在中国史前考古学研究中占据重要地位。

一、仰韶文化考古新发现

近年来，在国家文物局的大力支持下，河南省在"考古中国"之"中原地区文明化进程"等项目框架下，对河南灵宝城烟、灵宝北阳平、渑池仰韶村、宜阳苏羊、郑州双槐树、南阳黄山等重要仰韶文化遗址进行了发掘，取得了一系列重要成果。同时，开展了相关研究，推动了对仰韶文化的社会发展状况和文明化现象等问题的深入认识。

1. 灵宝城烟遗址

位于灵宝市川口乡城烟村南，地处秦岭东段山前的洪积台地上，现存面积 3 万余平方米。

---

[1] 韩建业：《早期中国——中国文化圈的形成和发展》，上海古籍出版社，2015 年。

城烟遗址仰韶文化早期地面式房址 F27

2019 年 4 月至 2021 年 6 月，河南省文物考古研究院对该遗址进行了发掘，揭露面积总计约 3950 平方米。该遗址以仰韶文化初、早期遗存为主，另有少量仰韶中、晚期和二里头文化遗存。清理各时期房址 56 座、墓葬 235 座（其中瓮棺葬 141 座）、灰坑 1230 余座、陶窑 43 座、灰沟 24 条（大壕沟 2 条）等。出土遗物丰富，有陶器、石器、骨器等。仰韶文化早期房址有半地穴式、带墙基的地面式和半地穴与地面式相结合者三种。陶窑有地面堆烧式、浅穴式、斜穴式等形制，其中 Y30 保存较好，为斜穴式，操作间、火膛、窑室保存较好，圆形窑室底部一周有 11 个火眼，窑室下部有大量残碎陶器堆积，是迄今发现保存最好的仰韶早期陶窑。墓葬有单人一次葬、多人二次葬和瓮棺葬三种，其中长方形竖穴土坑单人一次葬葬式多为仰身直肢。发现两条环壕和环壕之间两道墙的组合遗迹平行排列，层位一致，构成

城烟遗址仰韶文化早期窑址 Y30

了迄今所见最早的墙、壕并存的防御体系。此外，还发现仰韶早期石雕蚕茧形象，检测到丝绸和酒类残留信息。从出土陶器看，遗存的年代大体属于仰韶文化初期枣园类型和早期东庄类型，这为深入认识豫西地区仰韶文化初、早期文化特征与社会面貌提供了重要资料。

2. 灵宝北阳平遗址

位于灵宝市阳平镇北阳平村西。是灵宝铸鼎原遗址群中面积最大的一处仰韶文化聚落遗址，现存面积72万平方米。2020年9月至2021年6月对其进行发掘，重要发现是在遗址偏北部发现仰韶文化时期大型房址3座。其中F2保存较好，规模宏大，结构复杂，加工考究。建筑形式为半地穴式，约坐北朝南，方向207°。平面略呈弧角方形，东西长约14.4米，南北长约14米，含房基坑占地面积约185.4平方米。室内面积约120.34平方米。房址内部结构清晰，由房基垫土、墙体、门道、火塘、柱洞、室内居住面等部分构成。房内出土少量遗物，主要有陶器、石器、动物遗骸等。在房内北部和西北部靠近地面或地面之上保留有多组房屋倒塌时被

北阳平遗址仰韶文化中期F2

压碎的可修复陶器,有盆1件、杯2件、瓶1件、缸2件。尤为难得的是,该房址内保存了大量因失火倒塌掩埋的炭化木构件,种类丰富,包括室内柱、檐柱、斜梁和椽木等,有的类似榫卯结构,为仰韶文化建筑遗存所仅见,对于史前房屋建筑屋架结构的复原研究等具有重要价值。

北阳平遗址 F2 内西北角炭化木斜梁及椽木

3. 渑池仰韶村遗址

位于渑池县城北约5千米处。1921年该遗址的发掘揭开了现代中国考古学的序幕。2020年8月开始进行第四次考古发掘,发现遗迹较为丰富,有房址、壕沟、墓葬(部分为灰坑葬)、窖穴、灰坑、灰沟、道路等,出土一大批文化遗物,有陶器、玉器、石器、骨器、象牙制品等,遗存年代包含仰韶文化早期、中期、晚期和龙山文化时期。重要遗迹现象有由轻骨料等构成的青灰色"混凝土"地坪、红褐色涂朱草茎泥墙壁等房屋建筑遗存以及大型人工建筑壕沟等。通过开展多学科合作,在仰韶晚期和龙山时期人骨表面的土样样品中检测到丝绸残留物、在仰韶时期尖底瓶残留

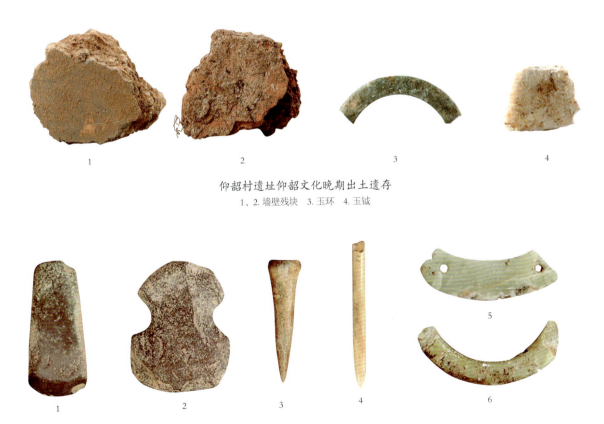

仰韶村遗址仰韶文化晚期出土遗存
1、2. 墙壁残块　3. 玉环　4. 玉钺

苏羊遗址仰韶文化时期出土器物
1. 石斧　2. 石铲　3. 骨锥　4. 骨簪　5. 玉璜　6. 玉环

物中鉴定出谷物发酵酒和曲酒等。该遗址第四次发掘丰富和加深了对仰韶村遗址文化内涵、聚落形态发展演变等方面的认识，对探索豫西地区史前社会文明化进程具有重要意义。"混凝土"地坪、涂朱草茎泥墙壁等房屋建筑遗存为该遗址首次发现，为研究仰韶村及豫西地区仰韶文化时期房屋建筑类别、形制、建造技术等提供了新材料。仰韶文化大型人工壕沟的发现，反映出仰韶村遗址防御设施完备、聚落发展繁盛。

4. 宜阳苏羊遗址

位于宜阳县苏羊村。2016 年 10 月，洛阳市文物考古研究院开展了伊洛河流域史前文化调查，发现苏羊遗址面积较大，延续时间长，内涵丰富，面积 60 多万平方米，文化层堆积最厚达 5 米左右。根据遗存的分布范围和文化特征，可将遗址分为苏羊区和下村区两个片区。2021 年 6 月开始发掘，目前的发掘及已发表资料主要集中于下村区。下村区已发掘 900 平方米，解剖了人工壕沟，基本了解其结构、年代及壕沟内侧遗迹分布情况。其他遗迹有房址、灰坑和窖穴等。仰韶中期房址保存较好，为连间或单间的地面式房址，墙体为木骨泥墙，墙内壁有光滑的青灰面，地面为经过细致加工的灰褐色"水泥面"，屋内清理出数件"盛簋器"，房址内保存有罕见的大面积的墙体或房顶倒塌堆积。出土陶器有口沿外侧施一圈捏塑花边的浅腹盆形鼎等，此类器物多见于河南邓州八里岗、淅川沟湾、淅川黄楝树等遗址的屈家岭文化遗存中，表明该区域与屈家岭文化关系密切。以往洛河中游地区新石器时代考古工作较为薄弱，本次发掘使该地区新石器时代文化面貌进一步清晰。发掘结果初步表明，在仰韶晚期阶段洛河中游地区基本属于中原仰韶文化，之后随着南方屈家岭文化的强势北上，有可能被纳入屈家岭文化

的范畴之内。这为探讨中原文化和长江中游文化势力在洛河中游一带的交流提供了重要资料。

5. 巩义双槐树遗址

位于巩义市河洛镇双槐树村南的高台地上。2013~2020 年，经国家文物局批准，郑州市文物考古研究院对该遗址及其周边区域进行考古调查、勘探与发掘。遗址现存东西长约 1500 米，南北宽约 780 米，面积约 117 万平方米。发现仰韶文化中晚期三道环壕、四处经过规划的墓地共 1700 余座墓葬、院落式夯土基址、大型夯土建筑群基址、瓮城结构围墙、大型版筑遗迹等，另有数量众多的房址、灰坑、人祭坑及兽骨坑等。发掘出丰富的仰韶文化彩陶等文化遗物，特别重要的是出土了与丝绸起源有重要关联的最早牙雕家蚕艺术品等。根据遗迹间的叠压打破关系、遗物组合及特征，可将文化遗存分为五期，其中第二至四期属于仰韶文化。遗址发掘的重要学术价值在于解构了一处清晰的仰韶文化大型中心聚落遗址。其中大型建筑基址群初具中国早期宫室建筑的特征，为探索三代宫室制度的源头提供了重要材料，突显了高等级性和源头性。同时，发掘者认为发现的大量农作物遗存和正在吐丝状态的牙雕家蚕形象，连同附近青台、汪沟等遗址发现的农作物遗存和丝绸实物等，充分证明 5300 多年前的中原地区已经形成了较为完备的农桑文明形态。高等级遗存表明这里应是一处都邑性聚落遗址，鉴于其在中华文明起源中的重要性，李伯谦先生等称之为"河洛古国"。

6. 南阳黄山遗址

位于南阳市东北卧龙区黄山村南白河西岸一处小土山上，面积约 30 万平方米。2018 年 5 月至 2021 年 4 月，河南省文物考古研究院等对其进行了考古发掘，发现这里是一处新石器时代仰

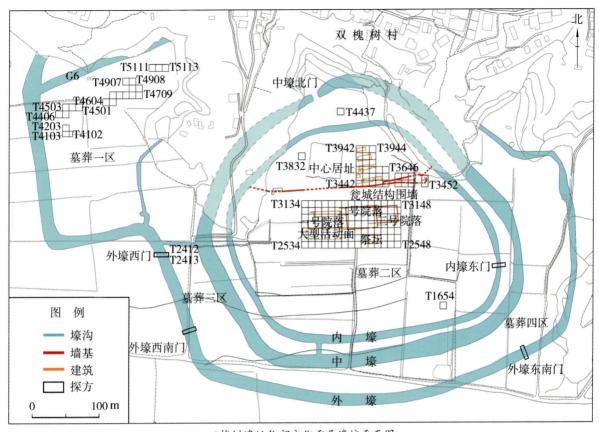

双槐树遗址仰韶文化重要遗迹平面图

韶文化、屈家岭文化、石家河文化玉石器制作特征鲜明的中心性聚落遗址。发掘出与玉石器制作有关的仰韶文化早期墓葬3座、房址1座，仰韶文化晚期大型木骨泥墙"前坊后居"式玉石器作坊建筑4座、工棚式建筑2座、窖穴7座，屈家岭文化大型柱列式房址1座、中小型玉石器作址与居址13座、活动面多处、灰坑84座、保存较好的大小墓葬105座、祭祀坑2座、瓮棺葬89座，石家河文化早期与玉石器生产有关的灰坑3座等。出土了数量丰富的制玉石工具、玉石料残次品、陶器、骨器等遗物。

其中仰韶晚期"前坊后居"式建筑基址F1和F2面积均在120平方米以上。F1由7个以上的"前坊后居"单元组成，F2由3个"前坊后居"单元和1个无前墙的工房组成。二者位于由夯土

和红烧土堆积的较高台基上，规划整齐、体量宏大、结构复杂，保存之好甚为罕见；均为木骨泥墙、经烘烤的高台式长方形多单元排房，许多部位的墙体已完全红陶化。作坊遗迹内出土大量的玉石器及相关遗存，表明该遗址是仰韶文化晚期和屈家岭文化时期大型玉石器生产"基地"性质的大遗址。发掘者据此指出，该遗址新石器时代玉石器制作遗存以独山玉石为资源支撑、其他地方玉材为辅助，大致存在仰韶晚期"居家式"作坊群向屈家岭时期"团体式"生产方式转变的现象，石家河时期仍规模化生产玉石器。

该遗址的发掘填补了中原和长江中游新石器时代玉石器手工业体系的空白，为探索当时手工业生产专业化和社会分工提供了重要线索。同时还发现中原地区仅见的史前码头性质的遗迹，与

黄山遗址 F2 三单元"前坊后居"式作坊（下为北）

自然河流、人工河道、聚落环壕一起构成了仰韶晚期水路交通系统，体现出古人对水资源的重视和利用能力。由于黄山遗址所处的南阳盆地为南北方文化交流的重要节点，因此，该遗址的材料也初步反映了新石器时代晚期南北文化交流融合发展的基本特点，体现出豫西南地区社会复杂化与文明化的进程。因其重要性，黄山遗址入选2021年度全国十大考古新发现。

二、中原地区文明化进程研究的新进展

中华文明的形成是在广袤的地理空间内，多元化起源发展、一体化不断加强、互动频繁、波澜壮阔的宏大进程。仰韶文化在中华文明形成和一体化过程中发挥了重要作用。通过近年来仰韶文化一些重要遗址的发掘和研究的开展，仰韶文化经历的文明化进程以及在我国史前文明发展过程中扮演的重要角色逐渐清晰。

仰韶文化初、早期，在该文化各分布区，各类型之间既有联系又相对独立地发展。关中地区分布着零口、半坡类型，豫西晋南地区为枣园、东庄类型，豫北冀南地区为后冈类型（后冈一期文化），郑洛地区至南阳盆地为石固、下王岗类型等，这些文化类型各具特色、前后相继。尽管从姜寨遗址的聚落形态来看，这一时期尚未出现社会分层，但濮阳西水坡"龙虎墓"的发现表明，部分区域已率先出现社会成员分化。

约距今 5800~5200 年的仰韶文化中期，庙底

沟类型在陕晋豫交界地区率先形成并迅速扩展，其文化鼎盛，覆盖范围最广。由于庙底沟类型的强势影响，仰韶文化内部统一性大大增强，对周边文化也形成一定辐射。

通过三门峡灵宝市的区域聚落调查可知，进入仰韶时代后，当地文化和聚落便开始了稳定、持续的大发展，经仰韶初期、早期千余年的长期积累，到仰韶中期，文化和聚落都最为繁盛，聚落数量、聚落总面积、聚落面积均值都达到了顶峰。这时聚落规模出现明显差异，已经出现区域核心聚落、聚落群中心聚落、聚落组中心聚落和一般聚落的分化，呈现出了金字塔型多层级的区域聚落结构。聚落内部也出现面积在200平方米以上且处理考究的特大型房址、百余平方米经精心加工的大型房址、墓口达17平方米的大型高等级墓葬，与面积数十平方米的中型房址、中型墓葬，以及面积十余或唯有几平方米的小型简陋房址、仅可容身的小墓葬甚至灰坑乱葬的差别。

其中灵宝西坡大墓出土包括玉器、象牙器在内的大批珍贵文物。最大的房址F105外带回廊，总面积516平方米，是迄今所见仰韶中期最大的单体建筑，开创中国回廊式古典建筑的先河，推测很可能是高耸的重檐大屋顶结构，具有殿堂性质。据民族志材料可知，这种"大房子"应是公共活动场所[1]。通过多学科分析，研究者认为这种"大房子"可能具有集会宴饮等功能，是凝聚社会力量和彰显社会权力的一种方式。从上可知，仰韶文化此时已显现出平民、显贵、首领甚至"王"的地位差别，已经进入复杂社会。

通过对南阳盆地八里岗遗址庙底沟期晚段的大型合葬墓M13进行体质人类学、考古年代学、动物考古和线粒体古DNA的综合研究，认识到这一时期墓葬并非此前推测的单纯的母系血缘墓，而是以整个社群为单位每隔一段时间所进行的集体埋葬行为，属于仰韶文化的一种特殊葬仪，通过对社群内一段时间的死者遗骸进行集中收集和再次埋葬，从而达到增强社群凝聚力的目的[2]。

从"大房子"、西坡大墓和多人合葬墓的研究情况来看，仰韶文化对社群集体行为特别关注，使得此时出现的显著的社会分化、复杂化并没有引起社会过度消费以及社会上层炫耀财富，反而体现出重视集体利益的特点。由于豫晋陕交界地区仰韶中期庙底沟期是在当地仰韶初期、早期文化基础上发展而来，在整个仰韶文化中最为发达，也最早发生社会复杂化现象，因此出现的文明化应属于原生文明，并且是中原早期文明的中心、源头和最重要代表。

在仰韶文化偏东区域的郑州西北，仰韶中、晚期之际开始文化也十分繁盛，是仰韶文化发展的又一高峰。此时，区域中心性大型聚落遗址呈集群状、丛体状分布，聚落规模普遍较大，动辄数十万平方米，多设置二或三周既宽又深的聚落环壕，防卫色彩浓重。

大河村遗址面积50余万平方米，为一处包含多时期文化遗存的大型遗址。西山遗址最早发现仰韶文化城址，有技术先进的版筑夯土城垣，在古代建筑史上占有重要地位。近年在点军台和大河村遗址也发现同时期城址。

[1]陈星灿：《庙底沟期仰韶文化"大房子"功能浅论》，《考古学研究（九）》，文物出版社，2012年。
[2]张驰、何嘉宁、吴小红：《邓州八里岗遗址仰韶文化多人二次合葬墓M13葬仪研究》，《考古》2018年第2期。

双槐树遗址位于伊洛河汇入黄河、地理位置独具的"洛汭"地带，现存面积约 117 万平方米，是迄今经过发掘确认的最大的仰韶文化遗址之一，为仰韶中晚期的核心性聚落。有三重环壕，呈"前朝后寝"布局，核心区北部是多组由半围墙和壕沟圈护的多排大型房址区组成的似具准宫城性质的"宫殿"区，出现中国最早瓮城雏形，有由深厚的方块状夯土精心筑成的大型院落式基地和活动广场，被认为是古国时代"都邑"。

青台遗址共发现 4 条环壕，聚落功能分区明确，有居住区、墓葬区、祭祀区、作坊区。这里代表性的发现，是古人设置九个专门栽立陶罐组成的"北斗九星"图案，其附近有纯净夯土筑成的台基"寰丘"，斗柄指向北。"北斗九星"已被天文学家确认为天文类祭祀遗迹，由此刷新人们对于古人定方向、定季节、定时辰星象知识所达高度的认识，将中国观象授时的历史提前了近千年。

青台、汪沟遗址发掘出的丝绸实物、双槐树遗址的牙雕家蚕造型文物，加之城烟遗址仰韶早期的丝绸信息、石雕蚕蛹形象和仰韶村遗址仰韶晚期丝绸残留信息，这些坚实的材料表明，丝绸发源于我国，是古代中国对人类做出的一大贡献。

仰韶晚期巩义双槐树史前都邑性核心聚落与成熟的青铜文明偃师二里头夏代都城之间具有显著的承袭演进关系，城市规划理念接近，由墙垣和壕沟圈护的准宫城与夯土围垣宫城对应，多进院落式大型建筑集中分布区与多排式宫殿建筑结构基本相仿，同有带门塾的"一门三道"设置，围垣及交通道路系统结合，"井"字形大道和九宫格式城市布局具有相承特征，都重视强调公共事务管理和集体权力秩序及规范等。有学者指出，仰韶文化在中原地区的发生、发展和繁荣壮大的过程也正是华夏民族从"农业起源"到"城市革命"的早期文明化进程[1]。

通过以上发现可知，仰韶中晚期郑州西北地区文明化程度甚高，在距今 5300 年前后这一中华文明起源的黄金阶段，这里是当时最具代表性和影响力的文明中心。尤其是双槐树遗址的发现，填补了中华文明起源关键时期、关键地区的关键材料，该遗址被誉为"早期中华文明的胚胎"，"是实证中原地区 5000 多年文明的重要证据"[2]。

三、结语

仰韶文化研究已走过百年历程，诸多令人瞩目的考古发现与研究成果表明，这一考古学文化是我国史前文化发展和文明化进程中的重要组成部分。当然我们还应清醒地意识到，由于仰韶文化延续时间长、分布广、内涵丰富，是一个巨大的文化体系，仰韶文化研究仍有许多方面有待深化。对其文化内涵、文明化进程开展深入研究依然是今后仰韶文化发掘研究的重要内容，这对中华文明起源和早期发展研究工作的开展具有重要意义。

■ 撰稿：魏兴涛、李世伟

［1］张海：《仰韶文化与华夏文明——从农业起源到城市革命》，《中国文物报》2021 年 10 月 1 日第 6 版。

［2］王巍：《中华 5000 多年文明的考古实证》，《求是》2020 年第 2 期。

ABSTRACT

Henan is a key region where the Yangshao culture was distributed. The region has been a driver in archaeological discovery and research, which provided new understanding of the Yangshao culture. In recent years, new archaeological findings of Yangshao through projects such as "Archaeology China: The Study of Social Development toward Civilization in the Central Plain" supplied new resources in research of the prehistory of the Central Plain. This article analyzes and compares recent key archaeological discoveries in Henan with those of the past, and hopes to demonstrate that some phenomenon of complex societies have began to emerge in the Central Plain region as early as in the middle Yangshao period (5800 BP), and that preliminary complex societies began to emerge in the late Yangshao period (5300 BP).

仰韶源地，华夏根脉
——陕西仰韶文化及其历史地位

一、陕西优渥的古环境与庞大的聚落数量

陕西位于中国大陆地理版图的中心位置，处于太行山以西的黄土高原腹心地带。这里黄土耕地面积广阔，水系密度较高，东南季风带来的降雨较为丰沛，较少发生严重水旱灾害。在仰韶时代，该地气温明显高于现代，降雨、年积温和无霜期明显优于今天，是当时中国境内最为理想的旱作农耕和定居区域。陕西的关中和陕北地区属于上古雍州，《尚书·禹贡》和成书于汉代的《史记·夏本纪》均记载，天下九州中唯有雍州之地为上上田，这表明在秦汉时期，人们依然认为这里是农耕定居的天府之地。优越的地理环境支撑起以旱作农业为核心生业形态的仰韶文化，广袤且可有效利用的黄土地为仰韶文化的繁盛和人口的增加提供了坚实基础。

现有研究成果表明，仰韶文化主要分布在以渭水流域为核心的黄土高原地区。基于优越的自然环境和资源条件，仰韶文化在鼎盛时期拓展至江汉、河湟、中原、河朔地区，分布面积超过60万平方千米，若以彩陶为代表，其影响范围更为广袤，超过百万平方千米。在距今7000~5000年的新石器时代，在中国乃至全球范围内，没有任何一支文化的体量可以与仰韶文化相提并论。

第二次文物普查结果表明，陕西有新石器时代遗址2242处，其中仰韶文化遗址数量过半。第三次文物普查数据又有新的变化，陕西新石器时代遗址数量达到6677处，而仰韶文化遗址超过2000处。其中，榆林市工作最细致，发现遗址最多，共发现新石器时代遗址4446处，可见各地区工作的不平衡性非常突出。

为此，2016年以来，在国家文物局"考古中国"之"河套地区聚落与社会研究"项目的带动

人面鱼纹彩陶盆（半坡遗址）

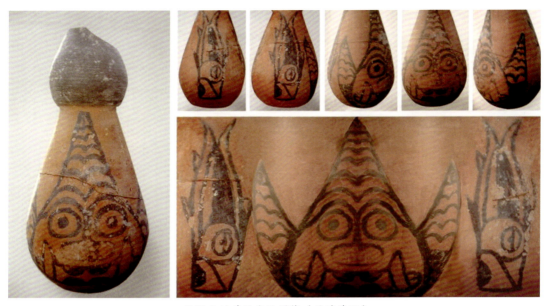

陶瓶上的神面鱼纹图像（马陵遗址）

下，陕西在葫芦河等流域和关中地区开展了区域系统调查及相似环境下仰韶文化遗址数量的建模推演。其结果是，葫芦河流域第三次文物普查发现新石器时代遗址 107 处，区域系统调查的数据为 450 处，也就是说，区域系统调查数据是第三次文物普查数据的 4 倍有余。榆林市第三次文物普查新石器时代遗址数量为 4446 处，依此则实际数量应在 17 000 处左右，陕西省新石器时代遗址总数有 25 000~30 000 处，其中仰韶文化遗址达 6000~10 000 处。可见，陕西新石器时代遗址数量巨大。

二、陕西仰韶文化的主要发现与研究

1923 年春，瑞典著名地质学家安特生为探寻他所设想的仰韶文化"西来说"的线索，让其中国助手在前往甘青地区考察途中对西安东郊十里铺的一处遗址进行了调查，并认定该遗址属于仰韶文化。这是陕西新石器时代文化遗存首次被认定文化性质和年代。

新中国成立后，围绕大规模的水利建设和重大历史课题探索，陆续开展了渭水流域和汉水流域仰韶文化遗址的大规模调查与发掘，主要包括西安半坡、华县泉护村、临潼姜寨、宝鸡北首岭、邠县（现彬县）下孟村、扶风案板、陇县原子头、高陵杨官寨、蓝田新街、西安鱼化寨、汉中李家村、汉中何家湾、汉中龙岗寺等。这些系统的考古发掘工作极大地推动了对仰韶文化的认识和深入研究，陕晋豫地区首次构建起了中国考古学文化的编年标尺和文化框架，而且聚落考古、多学科合作考古也取得长足进展，使得陕西在中国考古学界新石器时代考古研究领域具有举足轻重的地位。

西安半坡遗址发现于 1953 年春季。1954~1957年，中国科学院考古研究所（现属中国社会科学院）主持，陕西考古机构参与，对半坡遗址进行了 5 次发掘。发掘位置位于遗址的北部，发掘面积约 10 000 平方米，发现房屋遗迹 40 多座、墓葬 200 多座，还有大量陶窑、窖穴等遗迹，出土遗物上万件。半坡遗址主体遗存属于仰韶文化早期的半坡类型，约距今 7000 ~ 6000 年。半坡遗

神面纹彩陶尖底罐（龙岗寺遗址）

船形陶壶（龙岗寺遗址）

斜刃玉钺（龙岗寺遗址）

玉凿（龙岗寺遗址）

址是中国境内首次按照聚落考古的先进理念进行大规模揭露的古代聚落遗址，在当时全国范围内树立了聚落考古的标杆，在世界考古领域都具有极其重要的地位。1958 年，在半坡遗址上建起中国第一座遗址博物馆，半坡遗址也成为新中国文化遗产保护的典范。

半坡博物馆和陕西省考古研究所联合发掘的临潼姜寨遗址是中国第一次全面揭露的聚落遗址，成为研究仰韶文化分期、仰韶文化聚落与社会等重大课题的典范。

华县泉护村遗址是一处仰韶文化中期的超大型中心聚落遗址，对泉护村遗址的发掘，为仰韶文化庙底沟类型的分期建立了详细、可靠的标杆。属于泉护村遗址的太平村墓葬出土的鹰鼎，显然是高等级礼器，现藏于中国国家博物馆，表明仰韶文化中晚期已经具备了早期礼制的雏形。

汉中西乡县李家村、何家湾和南郑县龙岗寺等遗址的大规模发掘，展示了秦岭以南汉水上游前仰韶—仰韶文化分布和演变的重要信息，表明前仰韶文化和仰韶文化已经跨越秦岭拓展至江汉地区，并为研究仰韶文化在长江流域的传播路径提供了信息。此外，汉水上游仰韶文化早期流行制造和使用绿松石器、玉器，暗示江汉地区可能是中国早期玉器制造的源头之一，需要进一步关注。

西安高陵杨官寨遗址首次发现了仰韶文化中期大型环壕聚落和成人墓地，解决了考古学界数十年来关于庙底沟聚落形态和墓地分布位置、墓葬形制、埋葬制度的困惑。同时通过基因组检测，初步认定仰韶文化庙底沟时期属于较为稳定的父系社会。此外，杨官寨遗址南部断崖处发现仰韶文化晚期前段的制陶作坊区和成排窑洞式房址，为进一步探讨仰韶文化专业化分工和窑洞式建筑

玉笄（新街遗址）

玉料（新街遗址 H367）

玉料（新街遗址）

起源提供了全新的证据。

蓝田新街遗址发现了一批仰韶文化晚期即半坡晚期类型的砖，是我国目前所知最早的砖，并发现有切割痕迹的玉石矿料和加工玉器的钻头，为研究仰韶文化玉器材料、加工技术等学术问题提供了极其宝贵的资料。

三、仰韶文化的内涵和时空界定

关于仰韶文化的内涵，学术界有明确的界定。以代表性的陶器为例，陶质有夹砂陶和泥质陶两大类，陶色以红陶为主，有少量黑陶和灰陶，纹饰以绳纹为代表，泥质陶表面流行绘制黑色彩陶图案，以宽带、鱼类、蛙类、鸟类、人面、獠牙兽面纹为主要题材，典型器形有尖底瓶、蒜头壶、葫芦瓶、尖底罐、夹砂鼓腹罐、瓮、钵、盆等。从炊具的视角而言，仰韶文化属于夹砂绳纹罐系统，而太行山以东的华北平原和山东半岛诸文化的炊具则是素面夹砂的釜和鼎为主体，称为釜鼎系统。

学术界一般将仰韶文化划分为早、中、晚三大期，每期又可以分为多个发展阶段。仰韶文化早期一般被称为半坡期，中期被称为庙底沟期，晚期为半坡晚期或西王村期。以前也有学者将各个时期称为类型，但类型具有区域的含义，因此现在多采用"期"的概念，以表示仰韶文化的演进阶段。还有学者主张半坡类型与庙底沟类型是仰韶文化内部两个区域有别、并行发展的分支，但现在看来，那只是仰韶文化边缘区域受到其他文化影响的因素而已。仰韶文化半坡期到庙底沟期是一脉相承的同一文化系统，只不过在不同地区因为周边相邻文化影响而表现出地域差异，并不影响仰韶文化作为一支内涵统一、连续演变的独立文化的事实。此外，在承认仰韶文化系统内涵一致性的前提下，有学者将仰韶文化各阶段分别称为半坡文化、庙底沟文化、半坡晚期文化或西王村文化、泉护二期文化等，但无论如何，不能抹杀仰韶文化的统一内涵，仰韶文化的命名必须坚持。

仰韶文化的年代范畴界定在公元前 4800～公元前 2800 年，经历了大约 2000 年。近 20 年来，仰韶文化的上限被提前到北首岭下层墓葬和零口文化阶段，大约为公元前5000年，如此，仰韶文化的时段则被稍微延长。另外，陕北等地仰韶文化因素一直延续到公元前2400年前后，此时那里陶斝、灰陶等因素流行，已经属于龙山时代面貌，只是仰韶文化的一些要素消失的步调较为迟滞而已，属于文化变动的边缘滞后效应。

四、陕西仰韶文化至龙山时代文明要素的持续发展

近些年，随着芦山峁、石峁等陕西龙山时代城址及礼制建筑群的发掘，我们逐步认识到，龙山时代的合院式建筑、马面、瓮城等礼制性要素，并不是一夜之间出现的，其源头可能早在仰韶文化半坡时期、庙底沟时期就已经展现出雏形因素，只不过以前陕西地区没有龙山时代的对比对象，没有条件进行长时段比对。这将是探索仰韶文化文明要素起源的一个重要方向。另外，最早的瓦、砖、泥抹子等大型建筑材料和工具也首先出现在陕西仰韶文化遗址中，如鱼包头庙底沟期筒瓦、新街庙底沟期砖，芦山峁、石峁、宝鸡桥镇等龙山时代板瓦、筒瓦等。这些发现说明，陕西等黄土高原地区在仰韶时期就逐步孕育出文明要素的雏形，走在全国各文化区系的前列。

五、仰韶文化及其彩陶的历史地位

以鱼类、蛙类、鸟类、人面、獠牙兽面纹为主要题材的彩陶文化，是仰韶文化信仰体系和宇宙构型的体现。这一系列题材和表现手法向四周文化区系传播，遍及燕辽、华北海岱、长江南北、甘青川西和河朔地区。彩陶代表仰韶文化形而上的精神世界和理念思想，对仰韶文化内部的文化认同和族群凝聚具有不可替代的巨大作用。仰韶文化彩陶向四周的传播，促使不同文化间产生信仰层面的认同，且其影响的广度和深度，为塑造以黄土高原为主体的多元一体文化格局提供了共同的纽带，对早期中国的文化整合起到了无与伦比的黏合作用。龙山时代玉礼器和夏商周时期的青铜礼器，其神祇题材虽有各文化区系的博弈、融合、扬弃，但鱼龙、凤鸟、蛙（蟾蜍）、神面等基本主题依然继承了仰韶时代的彩陶题材组合，因此，对比青铜礼制时代，有学者将仰韶时代称为中国的"古礼时代"。

从中国早期历史的整合周期来看，无疑是仰韶文化率先完成了中国文化的第一次整合，这一次整合与夏商周早期王国和秦汉隋唐大一统王朝在中国历史上的地位同样重要，且仰韶文化具有开创之功，可以不夸张地说，仰韶文化，肇造华夏。从这个层面的历史地位而言，对仰韶文化和"仰韶时代"的研究，仍然任重而道远。

■ 撰稿：马明志

ABSTRACT

Shaanxi is located in the heartland of the Loess Plateau. During the Yangshao period, the growth in the number of Yangshao settlements and population was greater than that of any other culture, distributing over an area larger than 600,000 square meters. Its growth was propelled by the natural environment of the Loess Plateau, which supported settled agriculture. The painted pottery of Yangshao represented the formation of early beliefs, and was deeply influential to distant cultures. As a whole, the Yangshao culture, centered in the Wei River basin in Shaanxi, was the largest prehistoric culture in China, and was instrumental in initiating periodic cultural integration in the regions around the Loess Plateau, facilitating the development of belief, cultural and group identities.

从"夏县西阴"到"华山玫瑰"
——仰韶文化的山西探索

作为大仰韶文化的核心分布区之一，山西关于仰韶文化的探索已有近百年的历史。起步于1926年李济先生主持的夏县西阴遗址发掘，此后经历了1931年万荣靳村初次探掘、1954年芮城金盛庄调查、1955年祁县梁村试掘、1956~1957年太原义井遗址清理、1957年垣曲下马彩陶的发现、1958年芮城东庄和1960年西王村遗址的发

陶壶（翼城枣园 H1）

石雕蚕蛹（夏县师村）

蚕茧（夏县西阴）

掘，这一阶段多为偶然的零星发现，不过也初步展现了仰韶文化的区域面貌。1979年万荣西解和20世纪80年代初期太谷白燕与垣曲东关等遗址的发掘与调查，是山西仰韶考古研究的一个重要转折点，自此加速进入了主动性探索的新阶段。1985年，苏秉琦先生在《晋文化颂》诗中阐述了对山西考古与中国文明起源的思考，将这一工作引向深入，一批中坚力量积极投入一线，加大田野工作力度，在完善文化谱系中探索区域文明轨迹，陆续获得一批重要发现和认识。

从西阴遗址的首次发掘到《晋文化颂》一诗的面世，山西新石器时代考古以仰韶文化研究为引领，走过了从考古学早期实践到物质文化史建构，再到古代文明探索等考古学科发展的基本阶段。

截至目前，山西发现的仰韶文化遗址总数超过800处，经发掘的近50处，尤以晋南为最。地域分布上，从20世纪在中条山南北两麓的零星发现，逐步扩展至晋中、晋西、晋东南乃至晋北。除上述提及开展工作较早的典型遗址外，尤为重要的还有20世纪发掘的垣曲宁家坡、垣曲下马、垣曲上亳、夏县西阴（1994年）、河津固镇、稷山郭家枣园、翼城枣园、翼城北撖、侯马褚村、

彩陶罐（芮城金胜庄）　　　　　彩陶罐（垣曲下马）　　　　　彩陶盆（方山峪口）

彩陶盆纹饰展开图（方山峪口）

夏县师村合葬墓

临汾高堆、吉县沟堡、太谷后土河、方山峪口、汾阳杏花、榆次北合流、娄烦童子崖、忻州游邀、定襄青石、大同马家小村等，此外新近发掘的夏县师村、夏县辕村、永济晓朝、临汾桃园、离石德岗、太原镇城、大同吉家庄等也具有较强代表性。

在百年探索历程中，上述发现对于文化谱系的建构和聚落考古探索等起到了很好的推动作用，由此获得了一批重要的成果和认识。

一、建构区域文化谱系

山西仰韶时期区域文化谱系构建从晋南起步，始于西阴遗址首次发掘，此后通过20世纪在翼城枣园和北撖、芮城东庄和西王村等一系列遗址的发现与探索，初步完成了这一学科基础任务。

1926年西阴村的发掘是中国人首次独立主持开展的仰韶遗址考古工作，迈出了中国人百年仰韶探索的关键一步，这次发掘发现了大量以西阴纹为代表的彩陶，出土了仰韶文化首个桑蚕蚕茧，初步揭示了仰韶中期的灿烂文化成就，客观上也成为山西百年仰韶考古的出发点和落脚点。

翼城枣园遗址是目前山西发掘的年代最早的新石器时代遗存，为仰韶中期文化庙底沟类型／西阴类型找到了一个重要源头；1991年翼城北撖遗址的揭露进一步完善了西阴这类遗存的文化内涵，完整展现了枣园向西阴发展的文化脉络，确认晋南是盛极一时的庙底沟类型／西阴类型主要发源地。在这些发现的基础上，建构了晋南枣园类型—西阴类型—西王村类型的发展链条。新近发掘的夏县师村遗址发现的相当于枣园晚期、东庄早期及部分西阴阶段遗存，进一步证实和丰富了这一发展序列。

仰韶先民灿烂的文化和艺术成就在山西也有不俗的表现。距今6000年左右的夏县师村遗址已修筑有聚落围墙，墙体分段逐层夯筑，并发现环抱结构的通道等城防设施，展现了这一时期建筑技术的高度。

晋南素有"嫘祖故里"之称，在百年考古历程中，先后在山西夏县师村和西阴等地点发现最早的石雕蚕蛹和桑蚕蚕茧，芮城西王村还出土一枚陶雕蛹饰。结合周边地区仰韶中期丝织品和蚕雕的相关发现，推测至迟在仰韶中晚期晋南先民已经掌握了养蚕缫丝技术。

夏县师村瓮棺葬

彩陶瓮（临汾桃园）

公元前4000年后，晋南仰韶先民流行烧制绚丽的玫瑰彩陶。在临汾桃园、垣曲下马、万荣靳村等地发现大量制作精美的彩陶，花瓣纹、叶片纹、旋纹、连弧纹、西阴纹等地纹艺术盛行，并习见于晋南、晋中及晋西各类仰韶遗址，谱写了"华山玫瑰"的绚丽诗篇。

近年研究进一步表明，山西作为民族大熔炉的作用在仰韶时期即已显现，促发了北方史前文化的空前融合。借助山西南北串珠式的走廊地形，发源于晋陕豫交汇处的庙底沟类型／西阴类型，将自身特色的玫瑰花瓣彩陶和五边形房址，经由翼城北撖、临汾桃园、离石德岗、太原镇城等地，远播至阴山南麓和辽西地区，并间接将辽西龙纹

临汾桃园五边形房址 F2、F5

图案引入中原。另一方面，在黄河干流及其东西支流的穿引下，东西交流始终保持密切联系，仰韶中期中原势力不断东进，将花瓣纹、旋纹等彩陶装饰传播至海岱地区，随着这股势力的衰退，至仰韶晚期黄河下游盛行的白陶艺术又反向越过太行山，波及晋东南、晋南及晋中等地。两股势力的此消彼长，使山西在早期北方文化整合中的作用愈发突出。

总的来说，以西阴遗址为起点，山西揭开了百年仰韶考古的探索序幕，逐步构建了从枣园类型／后冈一期—西阴类型—西王村类型／义井类型的谱系框架，显示出空前繁荣的文化面貌，并凭借纵贯南北、勾连东西的地理优势，推动着北方人群的互动与文化交流。

二、探索仰韶文化聚落面貌与社会形态

在建构和完善区域文化谱系的同时，仰韶文化核心区的聚落与社会问题也备受关注，引发一些新实践。早在 1990~1991 年，翼城北撖遗址发掘者当时已经有了从宏观和微观层面了解其聚落的想法，采用探沟解剖、集中大面积布方等方式，在遗址多个区域进行针对性发掘，发现房址、墓葬、灰坑、灰沟等遗迹，初步了解了其功能区和阶段变化。21 世纪最初的十年，在运城盆地东部和忻定盆地的滹沱河流域等地开展了系统的区域聚落考古调查，更使我们从宏观上看到了中条山与峨嵋岭之间仰韶时期聚落社会规模由小及大、

层级愈见复杂化的发展轨迹。

近年来，夏县师村、翼城北撤、临汾桃园、离石德岗等仰韶文化遗址的发现，展现了不同阶段和地区的聚落面貌和社会状态。

2019~2021年，在夏县师村遗址揭露出一处土围墙环绕的仰韶早期聚落，绝对年代距今6500~5900年，面积3.5万平方米。围墙附近还存在多个进出豁口和连续踩踏面道路，个别豁口似瓮城结构，墙外设有环壕，墙内分布房址、陶窑、墓葬和大量灰坑。这是山西首次系统发掘仰韶早期围垣聚落，使我们对晋南仰韶早期聚落轮廓有了初步认识，也为同属仰韶文化核心地区的晋南找到了一处可与半坡遗址对比的典型案例。

2020~2021年，山西省考古研究院在翼城北撤勘探时发现了仰韶中期的聚落环壕。20世纪发掘确认了北撤遗址（不计南撤）本体面积已达40万平方米，这是目前山西已知规模最大的仰韶中期环壕聚落，弥补了西阴类遗存发源地——晋南仰韶中期大型聚落的空白。此外，2016年在临汾桃园遗址也揭露一处以大量精美彩陶和典型五边形房址著称的仰韶中期聚落，展示了晋南中型聚落的基本面貌。

吕梁山区仰韶文化遗址也不乏其数，绵延的黄土丘陵和纵横交错的沟谷成为仰韶先民安居的乐土。2019年发掘的离石德岗代表了该地区仰韶中期小型聚落的一般面貌。于靠近水源的河前坡地上揭露一批排列规整的五边形房址。西区面积最大的房址F1及东区最前端F3的方

离石德岗五边形房址F3

向均为 25°，这一方向可能是该群房址的中心轴线，其他房址均向其偏转，形成一个与平原聚落不一样的坡地向心结构。除个别大房址外，房内多放置成组的生活器皿和生产工具，如大口缸、夹砂罐、曲腹盆、尖底瓶、平底瓶、敛口钵、石铲、石斧等，一般位于室内靠后部。近门处设置火塘，部分火塘中还有放置火种的带盖罐一件，这些现象反映了仰韶中期一般家户的生活状态。唯独 F1 没有生产工具，只有部分水器、食器和盛储器，也暗示其功能并非一般的家屋，可能是一个集会之地。并列成组的房屋功能上也有一些组合关系，如紧邻 F3 的 F4，虽不足 10 平方米，但室内放满器物，超过 20 件，可能是紧邻 F3 的仓储屋。

仰韶时期手工业已出现较高的专业生产水准，其中彩陶制作和石器生产表现明显。与其他区域彩陶制作类似，这一时期晋南彩陶器形与纹饰组合均有着相对统一的样式，同一遗址各类彩陶纹饰范式趋向一致。而在彩陶盛行的永济晓朝遗址居址区内，还发现丢弃在灰坑中间、制作彩陶的批量成色颜料——赤铁矿物，和与之配伍的磨盘、磨棒等研磨工具，表明仰韶中期彩陶制作已出现专业化制作迹象。这一时期石器的专业化生产，已被与山西隔河相望的河南三门峡庙底沟遗址出土数量庞大的石饼、石铲、石斧、石球、石璧等成品和半成品所证实。太行山西麓目前缺乏仰韶中期同类线索，但仰韶晚期定襄青石先民直接利用当地盛产的青色石材，大量制作斧、璧、环等石制品的情况与其如出一辙，这一传统也被该遗址龙山和二里头时期居民所承袭，直至当代此地石材加工仍著称于世。

三、结语

这些发现与认识不仅从物质文化史上阐释仰韶文化在山西的演进历程，也进一步证实了山西在联系北方与中原中的桥梁作用，并从聚落形态上再现了山西仰韶社会的发展轨迹。

离石德岗 F3（右）、F4（左）

由苏秉琦先生《晋文化颂》中"华山玫瑰燕山龙"的经典诗句进一步延伸，山西是仰韶中期盛极一时的庙底沟类型／西阴类型的发源地，更是整合早期中国文化版图的关键通道和重要枢纽。

■ 撰稿：张光辉

ABSTRACT

Shanxi is one of the core regions of the Yangshao culture. The excavation of the Xiyin site in Xiaxian County marked the beginning of independent cultural exploration of the Yangshao culture by Chinese archaeologists. The region of Shanxi was for a period at the cultural forefront during two thousand years of development of the Yangshao culture. The region has become an important carrier of exchanges between the northern and southern regions and between the western and eastern regions. It was one of the main birthplaces of early (Neolithic) Chinese cultures.

长江下游区域文明模式研究项目

从 20 世纪末的"夏商周断代工程"到 21 世纪初的"中华文明探源工程"，中国的史前考古工作逐步从物质文化史研究转型进入了复原重建中国上古社会历史的新阶段，成果斐然。学术界已就中华文明起源和其后的发展是一个"多元一体"的过程取得共识。不过，进一步厘清各区域文明的发展进程，对于深入了解多元一体中华文明形成的动因及发展规律，探讨中华文明的特质，阐述中华文明在世界文明史中的地位，把握中华文明的发展方向，具有重要的作用。

良渚文明是多元一体中华文明的重要组成部分，80 多年的考古发现，使国内外学术界认识到良渚已进入早期国家文明阶段。但对于一个复杂的史前文明来说，现在我们只是初步揭开了它的面纱，许多问题还有待深入探讨，毕竟以复原古代社会为实质内容的研究才起步不久，研究成果尚为粗浅。因此，设置"长江下游区域文明模式研究"项目，以深刻揭示长江下游地区史前社会文明化进程，在学术上非常必要。随着该课题的展开和相关认识的不断加深，也将为面向社会和对接国际，讲好中国故事不断提供考古资料的支撑和历史理论的支撑，同时也为更好地开展对相关遗存的文物保护提供科学依据，因此又有很强的现实意义、社会意义。

本项目所谓长江下游地区，包括上海全部、浙江大部、苏南、苏中和安徽的部分地区。本课题将重点探讨两个方面的问题。其一，进一步丰富和完善对崧泽文化到良渚文化阶段的长江下游地区社会复杂化过程的认识，可分解为崧泽时期、良渚时期、后良渚时期三个阶段的研究。其二，总结提炼本区域文明的演进模式，探讨长江下游区域文明在多元一体中华文明总进程中的历史地位和作用。具体而言，浙江相关的考古工作将以良渚古城遗址为中心，兼及湖州、嘉兴、金衢盆地、宁绍地区、浙南山区和舟山群岛；江苏的考古工作将以寺墩为中心，兼及苏中地区；上海和安徽的考古工作则分别以福泉山遗址和凌家滩遗址为中心。

课题实施以来，对良渚古城及外围水利系统、寺墩、福泉山、凌家滩四处重点遗址进行了重点发掘，各遗址的总体格局得到了进一步的厘清，通过系列测年年代框架得到了进一步的完善；对良渚古城、中初鸣制玉作坊遗址群、玉架山、茅山、寺墩、开庄、蒋庄、福泉山等遗址的资料进行了系统整理，陆续撰写和刊发了多篇简报；同时开展了良渚古城郊区聚落的全覆盖式勘探、良渚古城所在的 2000 平方千米的腹地范围的区域系统调查和勘探、嘉兴地区崧泽—良渚时期遗址的区域系统调查和勘探等项目。

项目取得了一系列重要成果。经考古调查和分析，认识到良渚遗址群附属的临平遗址群和嘉兴地区的普安桥－姚家山遗址群等级上次于良渚遗址群，三处遗址群的玉石器等随葬品风格比较接近，显示出自内而外、由近及远的统治模式，这为我们探讨良渚古城与上海福泉山、江苏寺墩等区域中心聚落的关系奠定了基础。此外，项目在水利工程研究、玉石器矿物学分析与矿源调查、动植物研究、环境研究和大遗址地理信息系统记录体系的建设等方面也取得了很大的进展。

本项目从环境、生业、技术等不同角度，为综合还原长江下游文明发展模式，探讨长江下游地区与其他地区的互动与交流，动态分析中华文明多元一体的形成过程奠定了深厚的基础。

■ 撰稿：刘斌、陈明辉

浙江省余姚市
施岙遗址古稻田

工作单位：浙江省文物考古研究所、宁波市文化遗产管理研究院、余姚市河姆渡遗址博物馆

施岙遗址古稻田位于浙江省余姚市三七市镇施岙自然村西侧山谷中，东南距田螺山遗址约400米，面积约8万平方米，发现了河姆渡文化早期、晚期与良渚文化时期的大规模稻田。尤其在河姆渡文化晚期与良渚文化时期的稻田中，发现了纵横的田埂和灌溉排水系统。不同时期稻田之间均有自然淤积层间隔。施岙古稻田是目前世界上发现的面积最大、年代最早、证据最充分的大规模稻田，是史前考古与农业考古领域的重大发现。

一、工作缘起

施岙遗址古稻田中心地理坐标为北纬30°01′39″，东经121°22′31″，地表海拔约1.4～4.2米。经勘探发现，施岙古稻田堆积分布面积约8万平方米，附近古稻田总面积近90万平方米。为探索史前稻作农业的发展和农耕方式的演变，并为后期建设规划提供文物依据，经国家文物局批准，2020年至2021年，浙江省文物考古研究所、宁波市文化遗产管理研究院、余姚市河姆渡遗址博物馆联合对其进行了考古发掘。发掘采用了长探沟解剖与探方发掘相结合的方式，较大面积地揭露了河姆渡文化早期、晚期与良渚文化时期的三期稻田，河姆渡文化早期、晚期稻田仅在西区进行了较大面积揭露，其他区域做了局部解剖。

二、古稻田介绍

考古发现了具有明确叠压关系的三期大规模稻田，清晰展现出河姆渡文化早期、晚期与良渚文化时期的田块形态和稻田结构。另外，在古稻田西边坡脚发现一处商周时期村落遗址。

古稻田区域虽然面积广大，但整体地层较为一致，到位于河姆渡文化早期稻田层之下的淤泥层，总体可以分为13层。第①层，近现代耕土层；第②层，汉代及以后时期灰黄色粉质黏土层；第③层，商周时期深灰色粉质黏土层；第④层，灰黄色自然淤积层；第⑤层，灰黑色泥炭层，局部区域发现残留的树桩、树根；第⑥层，良渚文化时期灰褐色稻田层，含大量腐殖物；第⑦层，良渚文化时期浅灰色稻田层，含较多腐殖物；第⑧层，河姆渡文化晚期深灰褐色稻田层，含大量腐殖物；第⑨层，青灰色自然淤积层；第⑩层，灰黑色泥炭层；第⑪层，河姆渡文化早期深灰褐色稻田层，含大量腐殖物；第⑫层，灰褐色泥炭层，局部区域有残留

施岙古稻田与田螺山遗址环境

的树桩；第⑬层，青灰色自然淤泥层。

根据研究农田和古环境变迁的需要，我们设计了多学科研究方案，与北京大学、中国社会科学院考古研究所、华东师范大学河口海岸研究院、中国科学院南京地理与湖泊研究所、伦敦大学考古学院等单位合作，从碳十四测年、植物考古、环境考古、地质考古、农业考古、器物分析等方面进行综合研究。

第一期稻田（第⑪层）属于河姆渡文化早期，绝对年代约为公元前4800~公元前4500年。在西区发掘区南部和部分探沟中揭露。西区南部稻田堆积整体比较平整，表面略有起伏，西部略高，东部较低，发现一段宽约2.2~2.3米的田埂。另外，在西区稻田边缘发现13个灰坑。稻田堆积和灰坑中出土少量陶片，可辨器类有口沿下部装饰附加堆纹的敞口陶釜、陶罐等。

第二期稻田（第⑧层）属于河姆渡文化晚期，

TG2西壁地层局部

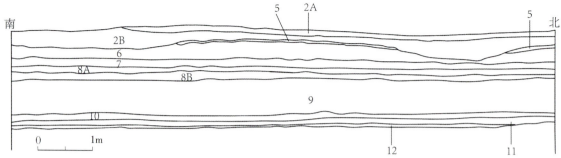

TG2T1717 西壁地层剖面图

河姆渡文化早期稻田（上为北）

河姆渡文化早期路38（由东南向西北拍摄）

绝对年代约为公元前3700~公元前3300年。发现了由田埂、河道、灌排水口组成的稻田系统。田埂共发现12条，东西向田埂9条，一般宽0.3~1米；南北向田埂3条，一般宽1~3米。东西向田埂基本纵贯东西，两端与南北向田埂交汇，间距约16~41米，由稻田土堆筑，部分田埂下铺垫有较粗大的树枝。南北向田埂分布在两侧靠山区域，系利用黄灰色土堆筑。西区与东区稻田中各发现1条总体呈南北走向的河道，是稻田的水源。另外，

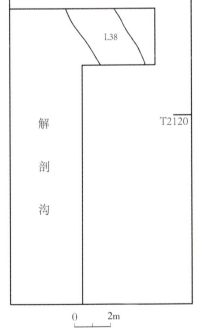

TG1

河姆渡文化早期路 38 平面图

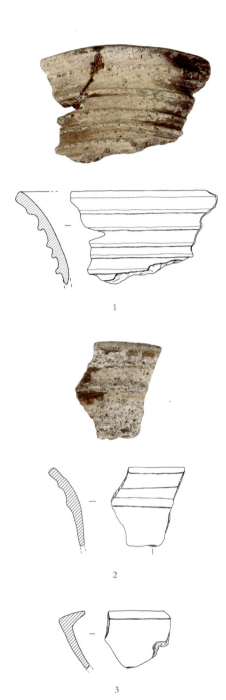

河姆渡文化早期陶器口沿

1.釜（TG3⑪：1） 2.釜（T1916⑪：1） 3.钵（T2014⑪：1）

大面积揭露的西区田埂之间发现 5 处灌排水口。稻田边缘堆积与西区河道堆积中出土较多陶片、石块、木头、植物种子等，出土陶片可辨有绳纹陶釜口沿、豆柄、鼎足、澄滤器、罐等。

第三期稻田（第⑦⑥层）属于良渚文化时期，绝对年代约为公元前 3300~ 公元前 2600 年。发现了纵横交错的凸起田埂组成的"井"字形结构，由河道、水渠和田埂中的灌排水口组成

河姆渡文化晚期稻田（上为北）

北

T2013　T2014　　台3　　T2015　H16　　H17　　台1　　L35　　T2018

H42　H32　H20

G9　H77

H11

H65　H21　L36　台2　T2016　T2017　L35　T1916　T1917　T1918

—— 河姆渡文化晚期
—— 良渚文化时期
—— 商周时期
—— 宋—清代

T1915　台4　TG2

0　　5m

西区南部河姆渡文化晚期稻田平面图

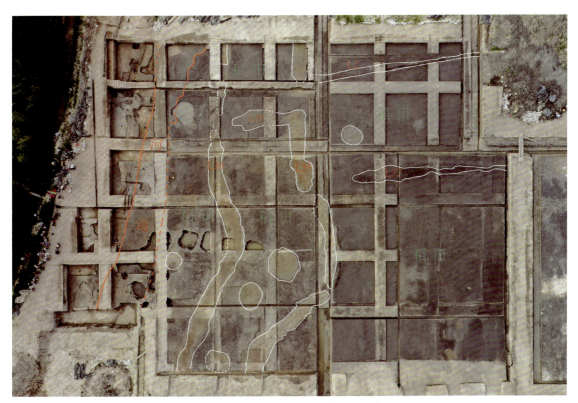

西区河姆渡文化晚期稻田（上为北）

的灌溉系统。共有7块田块较明确，一般在700平方米左右，最小的S5面积约230平方米，最大的S3面积约1750平方米。发现的田埂有22条，田埂宽约1～4米，间距15～40米之间。绝大多数田埂由稻田土堆成，个别田埂由黄黏土堆筑。靠近两侧山体的地方，田埂往往变得

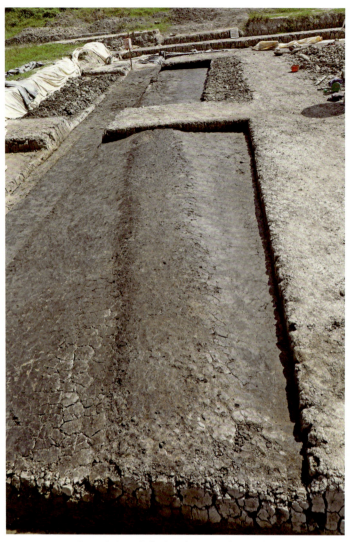

河姆渡文化晚期路 2（由西向东拍摄）

河姆渡文化晚期路 33（由西向东拍摄）

不明显，未直接延伸到山坡脚，而是在这些区域有意铺垫东西向的树枝和竹子作为道路。靠近西侧山脚，发现一条南北向的古河道，是良渚稻田的水源。西区稻田西部边缘发现少量稻田的沟渠。另外，在稻田田埂之间发现 10 处灌排水口，良渚河道边缘发现 1 处木构排水设施。稻田边缘和古河道中出土较多陶片，可辨有陶鼎口沿、鱼鳍形鼎足、泥质红陶罐、黑皮陶豆等；并发现石刀、石斧、石锛、磨石等石器，其中石刀是水稻的收割工具，数量较多。路 12 东端发现一条用作田埂中垫木的残独木舟，船头、船尾均残缺，残长 5.6 米，最宽 0.8 米，厚约 3 厘米。

经检测，古稻田堆积中含有较多水稻小穗轴、颖壳、稻田伴生杂草等遗存。植硅体分析结果显示，稻田堆积中水稻植硅体密度很高，尤其河姆渡文化晚期和良渚文化时期一般有 10 000 ~ 20 000 粒 / 克，远高于一般认定的土壤中含水稻植硅体超过 5000 粒 / 克即可判定为稻田的标准。

另外，在古稻田西区西侧山坡台地上发现一处商周时期的聚落遗址，发掘了 61 个灰坑、3 条灰沟，这些遗迹打破了叠压在良渚文化晚期泥炭层之上的自然淤积层，为判断稻田的相对年代提供了标尺。其中，H70 出土一件马桥文化的硬陶鸭形壶。H63 是一个窖藏坑，出土一批春秋时期较完整的陶器、原始瓷器、木器等，有

河姆渡文化晚期西区河道 G10 出土的残陶豆

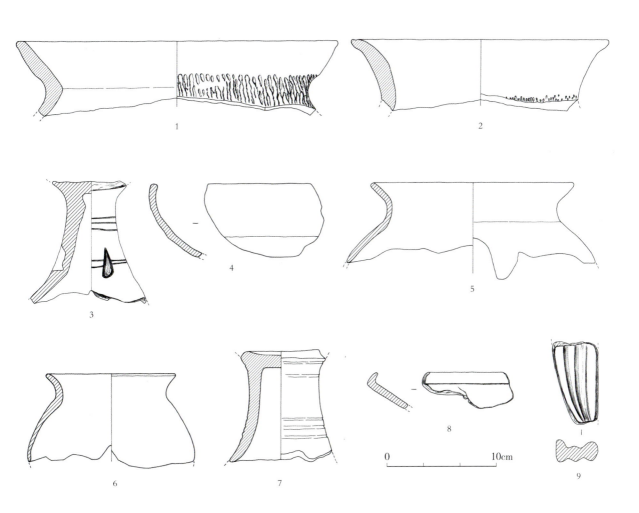

河姆渡文化晚期陶器

1. 釜（T3132⑧B：2）　2. 釜（T2832⑧：1）　3. 豆柄（T2014G10：3）　4. 钵（T2114⑧：1）
5. 罐（T2114⑧：2）　6. 罐（T2215⑧：2）　7. 豆柄（T1920⑧：1）　8. 豆（T2014G10：10）　9. 鼎足（T2014G10：7）

良渚文化时期稻田（上为北）

东区良渚文化时期稻田（上为北）

陶釜、陶鼎、陶罐、硬陶尊、原始瓷碗、原始瓷盂、木盆、木铲形器等。

三、年代

施岙遗址古稻田包括河姆渡文化早期、晚期及良渚文化三个时期，从距今约6700年一直延续到距今4500年左右。不同时期古稻田之间普遍有自然淤积层间隔。河姆渡文化早期稻田层之上的泥炭层，绝对年代约为公元前4450~公元前4300年，早期稻田层下也有一层更早的泥炭层。良渚文化时期稻田层之上是一层良渚文化晚期的泥炭层，绝对年代约为公元前2600~公元前2200年。在泥炭层中发现了一些较大的原生树木，表明泥炭层均延续了较长时间。河姆渡文化早期泥炭层和良渚文化晚期泥炭层之

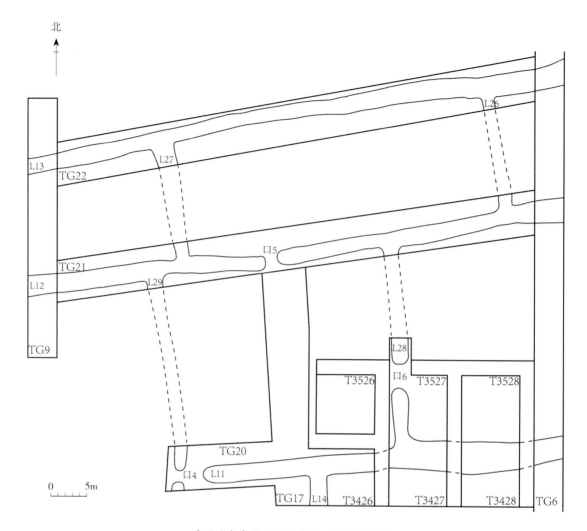

东区北部良渚文化时期稻田平面图局部

上均有海相沉积层，局部区域河姆渡文化晚期稻田与良渚文化时期稻田之间也有比较薄的淤积层。

四、结语

施岙遗址古稻田的发现具有多方面的重要价值与意义。

1. 施岙遗址古稻田是目前世界上发现的面积最大、年代最早、证据最充分的大规模稻田，是史前考古的重大发现。

2. 河姆渡文化大规模稻田的确认，是河姆渡文化考古与稻作农业考古的新突破。大规模稻田起始年代可追溯到 6700 年以前，发掘揭示了从河姆渡文化到良渚文化的稻田结构变化，反映出史前稻作农业发展的脉络，与以往环太湖流域发现的古稻田从小型稻田演变为大块稻田的结构变化不同，刷新了学术界对史前稻田和稻作农业发展的认识。

3. 古稻田的发现表明，稻作农业是河姆渡文化到良渚文化社会发展的重要经济支撑，是养活众多人口的主要食物增长点，为全面深入研究长江下游地区史前社会经济发展和文明进程提供了极其重要的材料。高度发达的湿地稻作农业经济和农业生产技术，催生和促进了这一地区的社会复杂化和文明化进程，并对这一

良渚文化时期丁字路口（上为北）

良渚文化时期路13（由西向东拍摄）

良渚文化时期铺垫树枝和竹子的路11（由东向西拍摄）

良渚文化时期河道 G9（由南向东北拍摄）

良渚文化时期河道 G9 中的木构排水设施
（由西向东拍摄）

良渚文化时期独木舟
（由东南向西北拍摄）

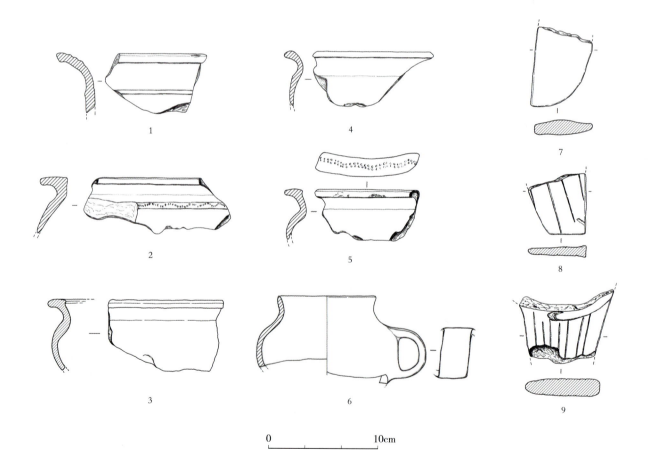

良渚文化时期陶器

1. 罐（T2013⑥C：2）　2. 罐（T2013G9②：2）　3. 盆（T2315⑥C：1）　4. 盆（T2014⑥C：5）　5. 盆（T2013G9②：2）
6. 罐（T2314G9②：2）　7. 鼎足（TG4⑥：2）　8. 鼎足（TG3⑥：1）　9. 鼎足（TG4⑥：1）

良渚文化稻田边缘堆积与古河道出土的石斧、石刀

地区独特的观念意识形态和原始宗教信仰的形成产生了重要影响。

4. 施岙古稻田考古，是由配合基本建设考古转为主动性考古的范例。工作过程中始终有科技考古工作者参与，采用了勘探、长探沟解剖与大面积揭露相结合的方式；技术上，形成和完善了以钻探结合发掘、植物大遗存和植硅体分析的古稻田寻找技术，具有示范意义。

5. 根据姚江河谷调查勘探和宁波地区考古发掘成果来看，这一区域在山前平原地带，普遍存在古稻田层，从侧面反映了这一区域史前文化的发达。这一地区得天独厚的保存条件，为完整保存古代农耕遗迹创造了条件。

6. 施岙遗址古稻田发现了古稻田堆积与自然淤积层的间隔，反映了距今 7000 年以来发生了多次波动比较大的环境事件，为研究人地关系提供了新材料。河姆渡文化早期和良渚文化时期稻田层之上发育泥炭层，为研究河姆渡文化与良渚文化的发展转变提供了环境方面的证据。

■ 撰稿：王永磊、宋姝、张依欣、梅术文、陆雪姣、郑云飞

ABSTRACT

The ancient rice fields at the Shiao site are located in the western valley of Shiao village Yuyao, Zhejiang Province, about 400 meters northwest of the Tianluoshan site. The rice fields cover an area of about 80,000 square meters, and belonged to the early and late Hemudu culture, as well as the Liangzhu culture. Ridges, irrigation and drainage systems have been found in the rice fields of the late Hemudu and Liangzhu cultures. There are natural siltation layers between the rice fields of different periods. The rice fields at Shiao are the largest, earliest and best examples of cultivated rice fields currently found in the world, which is a major discovery in the fields of prehistoric archaeology and agricultural archaeology.

川渝地区巴蜀文明进程
研究项目

川渝地区所在的四川盆地一直被视为中国文明起源的关键区域之一，该区域既有自身独特的文化演进模式，又与中原及其他地区有着广泛的互动和交流，最终完全汇入到中华文明发展的洪流中。厘清川渝地区文明化进程，对于深入了解多元一体中华文明形成的动因及发展规律，探讨中华文明的特质，以及阐述中华文明在世界文明中的地位，把握中华文明的发展方向，具有重要的作用。因此，2021年3月，"川渝地区巴蜀文明进程研究"正式被纳入国家文物局"考古中国"重大项目之中。

本项目立足于川渝地区历年来的考古工作成果，以田野考古为主要手段，结合多学科研究，揭示重点考古遗存，力图廓清新石器时代晚期至西汉早中期川渝地区各区域分期年代体系与文化发展谱系，并在此基础上探讨聚落、社会以及文明化、华夏化进程。重点开展以下五个方面的研究：川渝地区史前文化发展的年代框架与谱系，川渝地区史前社会复杂化过程，川渝地区史前文明形态与模式，巴蜀文化与周边地区文化互动与发展，环境与人类生存状况及资源控制、管理问题。

2021年，项目先后开展了宝墩遗址、鱼凫村遗址、三星堆遗址、竹瓦街遗址、罗家坝遗址、冬笋坝墓地、小田溪墓地、城坝遗址的考古发掘和资料整理工作及多学科研究等。同时还开展了涪江流域、沱江流域、岷江上游流域、嘉陵江流域的区域系统考古调查，以及宝墩遗址、三星堆遗址、金沙遗址、小田溪墓地、永安镇遗址等积压资料的整理与报告编写。

本年度的各项工作严格按照项目计划实施，初步实现了预期的工作目标，所涉遗址或墓地的年代涵盖了新石器时代晚期至西汉早期，进一步的考古发掘与研究收获完善了川渝地区先秦和西汉早期的年代框架和文化序列。宝墩遗址、鱼凫村遗址的新发现丰富了宝墩文化时期城址聚落结构方面的重要材料。三星堆遗址祭祀区的确认，新发现的六座"祭祀坑"诸多珍贵文物的出土，进一步丰富了三星堆文化内涵，使探讨古蜀国祭祀体系、祭祀行为成为可能。竹瓦街遗址超大型聚落的明确，改变了关于古蜀地区区域聚落形态的认识，促进了成都平原聚落变迁、人群变动等研究的深化。罗家坝遗址战国墓群、冬笋坝墓地和小田溪墓地的发掘，进一步充实了巴地战国墓葬材料，对于进一步讨论东周时期巴人的社会面貌以及早、晚期巴蜀文明的断裂与联系弥足珍贵。

尽管本项目实施时间较短，但新发现甚多，研究成果丰硕，为全面推进川渝地区巴蜀文明进程的研究开创了良好的局面，突显了川渝地区在长江上游文明高地的地位，进一步深化了"巴蜀文明是中华文明重要组成部分"这一核心认识，丰富了中华文明多元一体格局的文化内涵与外延，展示了中华文明灿烂辉煌的特征。

■ 撰稿：唐飞、白九江、周志清、李映福

四川省广汉市
三星堆遗址祭祀区

工作单位：四川省文物考古研究院、北京大学考古文博学院、
四川大学考古文博学院、上海大学文化遗产与信息管理学院等

三星堆遗址新发现 6 个"祭祀坑"、3 个小型圆形祭祀坑、2 个矩形沟槽以及与祭祀活动有关的灰沟和大型建筑，出土一批包括金器、铜器、玉石器、陶器、象牙、海贝、丝织品在内的重要文物。不仅基本解决"祭祀坑"年代和性质问题，也确认三星堆聚落布局中"祭祀区"的存在并初步掌握其形成过程和内部空间格局。

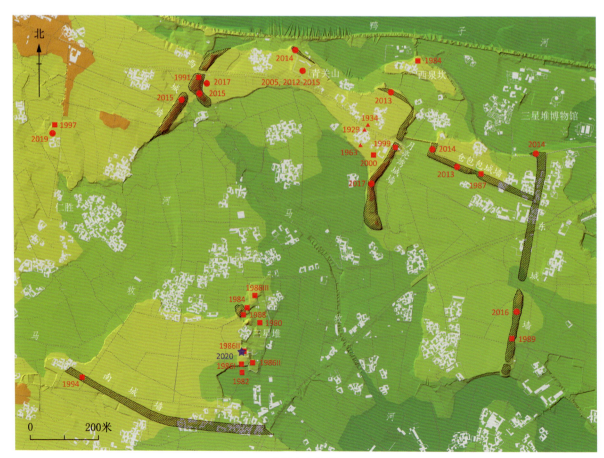

发掘地点位置

祭祀区总平面示意

一、工作缘起

巴蜀文明研究是中国考古学研究的重大课题，也是实证中华文明五千多年历史的关键之一。2021年国家文物局设立"考古中国"之"川渝地区巴蜀文明进程研究"项目（2021～2025年），三星堆遗址是其中最为关键的遗址。

三星堆遗址位于四川省广汉市三星堆镇三星村，地处成都平原北部、沱江支流鸭子河南岸。遗址现存面积约12平方千米，文化堆积从新石器时代末期的宝墩文化到战国时代的晚期巴蜀文化，主体遗存属于三星堆文化，绝对年代在公元前1700年至公元前1000年间，相当于中原地区夏商王朝时期。

自1934年首次发掘以来，三星堆遗址已经开展了15次考古调查、6次考古勘探、41次考古发掘，发掘总面积18 000平方米，遗址的分布范围、堆积状况、保存情况、文化内涵、遗存面貌等基本清楚，并且在聚落考古、社会考古等领域也有一定认识。兴建于三星堆文化时期的三星堆古城，面积达3.6平方千米，北依鸭子河，南跨其支流马牧河，大城东、西、南三面城墙迄今还大都保留在地表之上。大城之中由内城墙合围起月亮湾小城（西北小城）、西南小城、仓包包小城（东北小城）。在西北小城发现单体面积

发掘区总平面

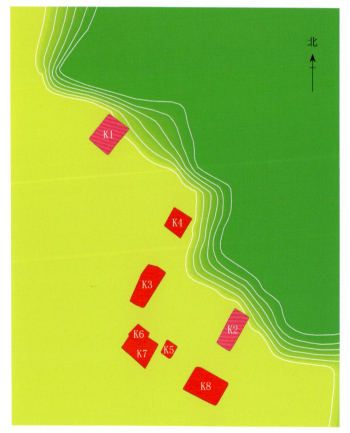

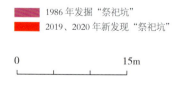

8 个"祭祀坑"平面分布

超过 1000 平方米的大型宫殿式建筑，在西南小城发现埋藏大量珍贵文物的"祭祀坑"。

1986 年抢救性发掘的三星堆一号、二号"祭祀坑"（K1、K2）是三星堆遗址最重要的发现之一。但这两个"祭祀坑"的考古工作还存在一些遗留问题，包括"祭祀坑"所在区域的堆积状况不明、一号坑与二号坑的关系还不明确、"祭祀坑"与区域内其他遗存的关系亦不明确、是否存在新的"祭祀坑"尚未可知，等等。有鉴于此，四川省文物考古研究院于 2019 年 10 月开始再次对"祭祀坑"所在区域进行考古勘探，并于 2020 年 3 月开始发掘，在此期间又发现 6 个"祭祀坑"，分别编号K3 至 K8。发掘地点位于三星堆遗址南部马牧河南岸的三星堆地点，北靠三星堆城墙，东侧和南侧紧邻 20 世纪 80 年代取土断坎，属于遗址总体区划的Ⅲ A1 区和Ⅲ B1 区。截至 2021 年年底，共计布设探方 88 个，实际发掘面积 1982 平方米。

二、主要收获

1. 新发现了小型圆形祭祀坑、矩形沟槽、大型建筑等与祭祀相关的遗迹

"祭祀坑"所在区域的文化堆积较为简单。第①至③层均为宋代及以后堆积；第④层属于西周早期堆积，但仅分布于发掘区西南部几个探方之内；第⑤层和⑥层均为商代晚期堆积，前者主要分布于发掘区偏外围区域，中部原始地形较高区域则基本没有分布，且越靠近中部越薄，后者主要分布于发掘区中部和南部。除了第⑤层外，其余商周时期堆积均属普通生活遗存，包含较多陶片、烧土颗粒和炭屑。

第⑤层为浅黄褐色粉沙土，土质较为致密，包含物很少，仅发现零星细碎陶片，另有玉凿、石璧、石琮等遗物，不见炭屑、灰烬等包含物。其性质与其余商周时期堆积明显不同，应与祭祀

活动有关。在第⑤层分布范围内不见与"祭祀坑"同时期的其他居址遗存，主要遗迹有 8 个"祭祀坑"、小型圆形祭祀坑、矩形沟槽以及出土有与"祭祀坑"同类埋藏文物的灰沟和大型建筑。

小型圆形祭祀坑共确认 3 个，位于 K1 南侧

0   1m

三号坑平面（2021 年 3 月 8 日摄）

四号坑平面（2021 年 2 月 26 日摄）

五号坑平面（2021 年 1 月 18 日摄）

六号坑平面（2021 年 5 月 15 日摄）

北

0   1m

七号坑平面（2021 年 9 月 8 日摄）

和 K4 西侧，均开口于第③层下，打破第⑤层，平面呈较为规整的圆形，浅斜弧壁，平底，填充疏松黑灰色灰烬，出土铜戚形璧、铜有领璧等遗物。

矩形沟槽共计 2 个，均开口于第③层下，其中一个打破 K1，平面呈"日"字形，另一个打破小型圆形祭祀坑，呈"口"字形，填充褐色、黄色、灰白色混杂黏土，较为致密而纯净，基本不见包含物。

在 8 个"祭祀坑"、小型圆形祭祀坑以及矩形沟槽的西南部分布一条西北—东南走向的灰沟 G1，开口于第③层下，打破第⑤层，平面呈长条形，斜直壁，平底，填充黑褐色粉沙土，夹杂少量烧土颗粒和炭屑，土质较为疏松，出土物包括条带状金箔饰、铜刀、玉牙璋、绿松石珠、石矛、石斧等。

大型建筑 B1F1 位于发掘区西北部，开口于第③层下，打破第⑤层，有长方形基槽，基槽内以土夯填，夯土表面有窄沟槽和间隔分布的大型柱洞，平面似呈长方形，西北—东南走向，基槽夯土内出土金箔片、玉凿、石璧、石琮、石斧、石虎、绿松石珠和有领铜璧等遗物。

2.明确了新发现的6个"祭祀坑"的层位关系、堆积状况

"祭祀坑"的发掘从2020年10月开始，秉持"课题预设、保护同步、多学科融合、多团队合作"的工作理念，联合中国社会科学院考古研究所、北京大学考古文博学院等国内39家高校及科研单位共同参与，涵盖考古发掘、文物保护与多学科研究等多个方面。加上1986年发掘的两个坑，8个"祭祀坑"集中分布在一起，除了K1和K2疑似开口于第⑤层下之外，其余均直接开口于第③层下，K3打破第⑥层，K4打破第⑥层之下的生黏土，K5至K8打破第⑤层，其中K6打破K7。平面形制可分为宽长方形、窄长方形和近似方形三类，K8面积最大，开口面积近20平方米，K5和K6分别仅有3.5平方米和4.1平方米，面积较小。面积越大深度亦越深，K3和K8最深，均超过2米，K5最浅，只有0.5米左右。所有"祭祀坑"的方向均非正南北向，大致呈东北—西南向（K1、K2、K3、K4、K5）或者西北—

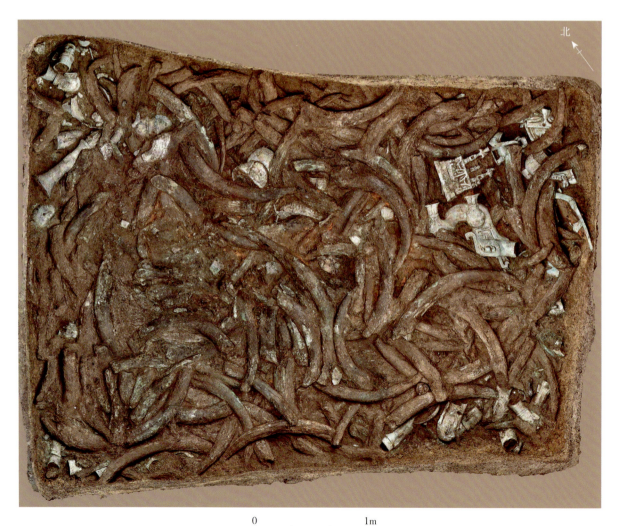

0　　　　　　　　　1m

八号坑平面（2021年9月4日摄）

三号坑出土铜尊

三号坑出土铜面具

三号坑出土铜顶尊跪坐人像

四号坑出土铜扭头跪坐人像

六号坑出土玉刀

五号坑出土象牙雕残件

八号坑出土丝织品残件

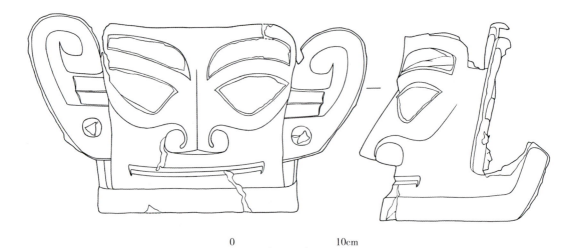

金面具（K3QW：81）

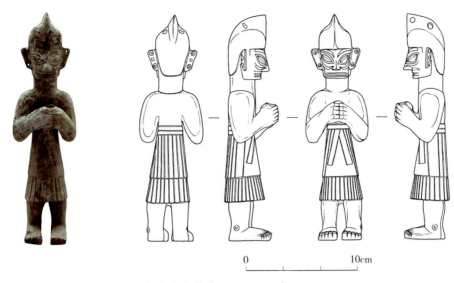

铜小立人像（K3QW：100）

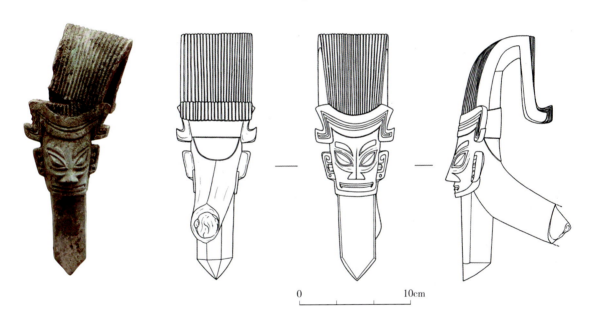

铜饰（K3QW：102）

东南向（K6、K7、K8）。

各坑的埋藏堆积有所不同，K5和K6相对简单，在填土堆积之下只有一层埋藏文物，其余几个大坑相对较为复杂，不过下层埋藏的都是各类金属器及玉石器，其上埋藏整根的象牙。一堆灰烬倾倒于K3填土之下、象牙之上的东北角。K4则在象牙之上东南角存有一层平均厚达30厘米的灰烬，在灰烬和填土之间的东、西局部区域还填充有夹杂红烧土颗粒的黄褐色粉沙土。K8堆积最为复杂，最下层埋藏众多大小不一、质地各异的人工遗物，之后埋藏大量象牙，再之后填充夹杂大块红烧土和疑似石磬碎块的黄褐色粉沙土，最后填土掩埋。以上几个大坑不同埋藏堆积层之间并无明确界限，部分象牙实际上也混杂在

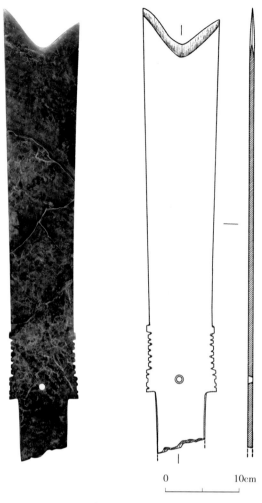

玉牙璋（K3QW：200）

各类人工遗物之中，如 K3、K8，而 K3 还有几件铜器显然是象牙埋入坑之后才入坑的。K3、K4 和 K8 的灰烬也并不单纯，包含烧土颗粒以及较多细小文物或大型文物的残片。

3. 新出土一批重要文物

截至目前，6 个新发现的"祭祀坑"已经出土编号文物 11 000 余件，而近完整器物超过 2000 件，其中铜器 980 余件、金器 520 件、玉器 490 余件、石器 120 余件、陶器 13 件，另提取象牙 600 余段。重要文物包括金面具、鸟形金箔饰、铜顶尊跪坐人像、铜扭头跪坐人像、铜小立人像、铜人头像、铜面具、铜尊、铜罍、铜"神坛"、铜龙、铜网格状龟背形器、玉牙璋、玉戈、玉凿、神树纹玉琮、玉器座、玉刀、石戈、陶矮领瓮、陶尖底盏、丝织品残痕、象牙雕和海贝等。

三、初步认识

本次勘探与发掘，在很大程度上弥补了 1986 年抢救性考古发掘 K1 和 K2 留下的遗憾，不仅基本解决以往争论不休的"祭祀坑"年代和性质问题，也确认三星堆聚落布局中"祭祀区"的存在并初步掌握其形成过程和内部空间格局。结合 K3 填土和灰烬出土陶器、K4 埋藏陶器和测年结果，以及几个大坑各方面特征均较为相似的现象综合考虑，K1、K2、K3、K4、K7 和 K8 等 6 个大坑的

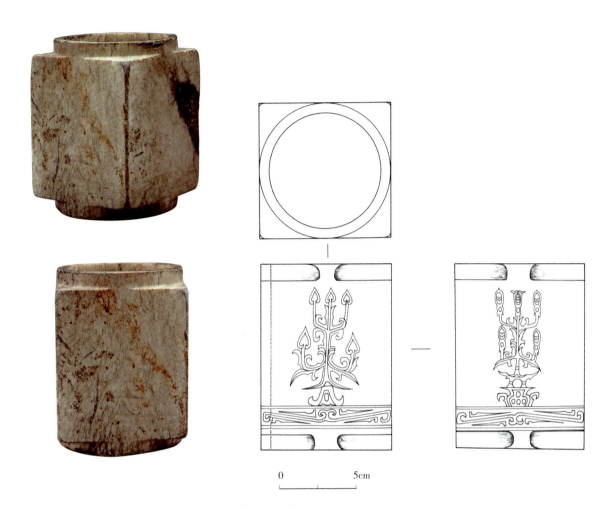

0   5cm

神树纹玉琮（K3QW：236）

0   5cm

金带（K4YW：46）

年代可能同时，距今约 3200 年至 3000 年，大体相当于晚商殷墟四期。K5 和 K6 的年代稍晚，似属西周早期。8 个坑的年代晚至殷墟四期甚至西周早期，表明三星堆遗址作为古蜀国都城的年代也相应推移，迟至殷墟四期某一时间才正式废弃。

由于 K8 内发现有明显来自建筑的红烧土块，K1、K3、K4 和 K8 大量填埋有以竹为主要成分的灰烬，坑内文物的焚烧、破损程度和破损的部位没有明显规律，同类器物的不同个体，破损部位有可能完全不同，6 个年代同时的大坑的性质更加偏向于祭祀器物掩埋坑而非狭义的祭祀坑。

至于 K5 和 K6，无论是坑本身的形制、填埋堆积还是埋藏文物的种类构成以及埋藏行为均与其余 6 个大坑明显不同，应该具有不同性质，两个坑连同 3 个小型圆形祭祀坑与成都金沙遗址梅苑地点的祭祀坑较为相似，故应该是事实上的祭祀坑。

第⑤层堆积内容纯净，在分布范围以内有 8 个"祭祀坑"、小型圆形祭祀坑、矩形沟槽以及出土有与"祭祀坑"同类埋藏文物的灰沟和大型建筑，显示出其性质与祭祀活动有关。结合该层的分布特征考虑，第⑤层或许是为挖埋 6 个祭祀器物掩埋坑而形成的垫土层，其分布范围可能就

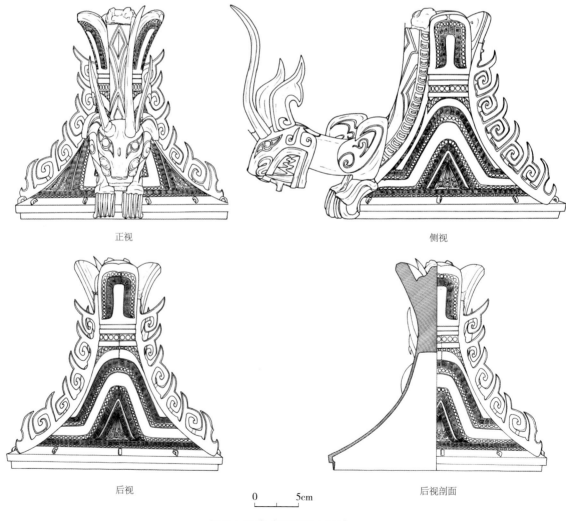

正视　　　　　　　　　　　　　　　　　　　　侧视

后视　　　　　　　　　　　　　　　　　　　　后视剖面

0　　　5cm

铜喇叭形座（K3QW：476）

金鸟形饰（K5 器物层①小件：135）

是祭祀区的分布范围。由此初步明确祭祀区平面近似长方形，面积将近 13 000 平方米，呈西北—东南走向，与三星堆城墙大致平行。

三星堆遗址祭祀区的新发现为研究当时的社会结构、等级划分、规划思想、礼仪制度、统治模式等提供了重要线索，有助于探索三星堆聚落布局，复原当时祭祀场所的内部空间，完整认识当时的礼仪空间、宗教思想乃至反映的宇宙观念。

新发现的遗迹和遗物，兼有古蜀地区、中原地区和国内其他地区文化因素，揭示出成都平原与其周边地区存在密切的文化交流，昭示了中华文明起源的多样性，是中华文明多元一体发展模式的重要证据。

■ 撰稿：许丹阳、雷雨、冉宏林

ABSTRACT

Six sacrificial pits, three small circular sacrificial pits, two rectangular trenches, ash ditches and large buildings related to the sacrificial activities have been newly discovered at the Sanxingdui site. A number of important cultural relics, including gold, bronze, jade, pottery, ivory, sea shells, silk fabrics, etc., have been unearthed. The discovery not only addresses the problem of the age and cultural attributes of the "sacrifice pit", but also confirms the existence of a "sacrifice area" in the layout of the Sanxingdui settlement and to identify preliminarily its formation process and internal spatial pattern.

甘肃吐谷浑墓葬群考古

研究项目

武威唐代吐谷浑王族墓葬群位于甘肃省武威市西南，地处祁连山北麓，主要分布于武威南山区南营水库以西，冰沟河与大水河中下游北岸的山岗之上。

2019 年，甘肃省文物考古研究所在西距青咀湾、喇嘛湾 15 千米的天祝县祁连镇岔山村发掘了吐谷浑喜王慕容智墓，该墓是目前发现的唯一保存完整的吐谷浑王族墓葬，出土各类随葬品 800 余件。同年，唐代吐谷浑王族墓葬群考古及文物保护工作被列入"考古中国"重大项目中。

该项目以武威地区唐代吐谷浑王族墓葬群为主要研究对象，通过系统的考古调查、发掘、文物保护和研究工作，力图厘清该墓群的分布范围、墓葬数量、墓葬特征及葬制葬俗，进一步提高对该墓群文化内涵的认识。该项目为推动武威地区吐谷浑王族大遗址群的可持续发展和文物保护利用提供基础，为古代丝绸之路历史文化研究提供新的方向，为铸牢中华民族共同体意识提供文化保障，为"一带一路"倡议的实施提供考古学支撑。

2020 年以来，项目组在武威南山区持续开展考古调查、勘探和发掘工作，调查面积 400 余平方千米，共发现吐谷浑王族墓葬 23 座，取得阶段性成果。

2021 年，在天祝县祁连镇长岭 – 马场滩区发掘了 3 座墓葬，出土随葬品 290 余件。从出土的冯翊郡太夫人党氏墓志可知，该处墓群为唐早中期吐谷浑蓬子部首领蓬子氏的家族墓地。

通过持续的考古工作，现可初步将武威吐谷浑王族墓葬群分为"大可汗陵""阳晖谷"和"白杨山"三大陵区。墓群整体呈现"大集中、小分散"的分布特征和"牛岗僻壤，马鬣开坟""地踞龙堆"的墓葬选址特征。墓葬均具有中原地区唐代早中期高等级墓葬的基本特征，以唐代葬制为主，兼有吐谷浑文化、吐蕃文化、北方草原文化因素。

该墓群的发现显示了我国古代丝绸之路沿线各民族交往交流交融的历史进程，是中华民族多元一体格局的重要实证。

■ 撰稿：陈国科、刘兵兵

甘肃省武威市
吐谷浑墓葬群

工作单位：甘肃省文物考古研究所、武威市文物考古研究所、天祝藏族自治县博物馆等

近年来，"唐代吐谷浑王族墓葬群考古"项目组在武威南山区持续开展了一系列考古工作。2019年在天祝县祁连镇岔山村一带发掘了吐谷浑喜王慕容智墓。2020年对冰沟河与大水河流域进行了全面考古调查，共在4片区域发现并确认吐谷浑王族墓葬23座，并对慕容智墓出土棺木进行了实验室清理。2021年在祁连镇长岭－马场滩地区发掘墓葬3座，判断该墓群为唐代吐谷浑蓬子氏家族墓地。系列考古工作取得了一些阶段性成果，发现了一批国内罕见的珍贵唐代文物，并确认在武威南山区存在"阳晖谷"陵区、"大可汗陵"区、"白杨山"陵区三大陵区。

一、工作缘起

武威地区唐代吐谷浑王族墓葬群位于甘肃省武威市西南，地处祁连山北麓，主要分布于武威南山区南营水库以西，冰沟河与大水河中下游北岸的山岗之上。2019年，甘肃省文物考古研究所等对位于天祝县祁连镇岔山村的吐谷浑喜王慕容智墓进行了发掘，该墓为国内发现和发掘的时代最早、保存最完整的唐代吐谷浑王族墓葬，为研究后期吐谷浑王族谱系、葬制葬俗及相关问题提供了重要材料，是吐谷浑墓葬考古及丝绸之路考古研究的重大发现。同年，"唐代吐谷浑王族墓葬群"考古项目被国家文物局列入"考古中国"重大项目中。

为继续推动该墓葬群的保护与研究，甘肃省文物考古研究所牵头，联合陕西师范大学、荆州文物保护中心、陕西历史博物馆、秦始皇帝陵博物院、南京博物院等高校和科研单位及武威市文物考古研究所、天祝藏族自治县博物馆等地方文博机构组建吐谷浑考古项目组，对该墓葬群展开了持续的考古调查、勘探、发掘及出土文物保护与研究工作。

二、考古发掘及出土文物概况

2019年发掘的慕容智墓，墓葬结构为带斜坡墓道的单室砖室墓，由墓道、壁龛、封门、照墙、甬道和墓室组成，其中墓道底部殉整马两匹，墓道壁龛内出土有鼓吹仪仗俑群，照墙、甬道和墓室墙上绘制有门楼图、人物图及星象图壁画，墓室内西侧设棺床，置木棺一具。墓内出土大量精美的随葬品，包括武士俑、镇墓兽等镇墓神煞俑；骑马俑、风帽俑、文官俑、武官俑等出行仪仗俑群；狗、羊、鸡等家畜家禽俑；漆盘、银匙、磨、叉、笙、排箫等饮食乐舞模型；陶罐、陶盆、胡床、

慕容智墓甬道及墓室三维影像图

六曲屏风、大型彩绘木质床榻等生活实用器及随葬明器；铁甲胄、马鞍及各种鎏金银马具、弓、胡禄等成套武器装备。其中有多件珍贵随葬品皆为国内同时期相关文物首次或罕见的发现。甬道正中出土墓志一合，时代明确，内容丰富，显示墓主为吐谷浑末代国王慕容诺曷钵第三子，"大周云麾将军守左玉钤卫大将军员外置喜王"慕容智。墓志首次提及武威南山区"大可汗陵"的存在，墓志左侧面还刻有两列利用汉字偏旁部首合成的文字，初步判断为吐谷浑文，是目前所见依据汉文创造的年代最早的游牧民族文字。

2020年，项目组对南营水库以西，冰沟河与大水河流域约400平方千米的范围进行了系统考古调查，并对部分核心区域及墓葬疑似区进行了

慕容智墓出土木质镇墓兽

勘探，确认吐谷浑王族墓葬共计 23 座。同时，项目组整合国内多家单位资源，对慕容智墓出土文物进行了保护修复，并对慕容智墓出土棺木进行了实验室清理。经清理确认慕容智墓棺木保存完整，棺内见人骨一具，仰身直肢。墓主身着唐朝官服，头枕鸡鸣枕，挽髻，戴巾子并簪金钗，头套金质下颌托，面罩丝织覆面，腰束嵌金蹀躞带，

身前放置象牙笏板，盖丝质衾被；身旁放置有盘、碗、碟、筷、勺、胡瓶等餐饮器具，笔、墨、纸、砚等文房用具，漆奁、镜衣、粉盒、骨笄、木梳等梳妆用具，嵌金匕首、豹皮弓韬、贴金花漆木胡禄等武器装备，墓主身着丝织衣物多达十四层，包括绢、绮、绫、锦、罗、纱、缂丝等传统丝织品种类；团窠纹、对狮纹、翼马纹、对鹿纹、凤纹、麒麟纹等唐代丝织品纹样兼备；扎染、刺绣等唐代丝织品制作工艺兼备，为国内外罕见。

2021 年，项目组以解决"大可汗陵"具体位置、布局问题及丰富吐谷浑王族墓葬群文化内涵为主要学术目标和任务，对新发现的天祝县祁连镇长岭－马场滩区 3 座墓葬进行了考古发掘。3 座墓葬皆位于流经长岭－马场滩区冰沟河北岸的山岗之上，坐北朝南，西距慕容智墓约 5 千米，东距青咀湾、喇嘛湾墓群约 10 千米。墓葬均为带斜坡墓道的"甲"字形单室砖室墓，其中马场滩 M1 还附带一侧室，甚为罕见。墓道内均有整马殉葬，1 ～ 3 匹不等，亦见有烧殉的羊骨、牛骨等。墓室遭盗掘，顶部均已坍塌，局部墓壁有壁画痕

慕容智墓出土木质胡人俑

慕容智墓出土铁甲胄

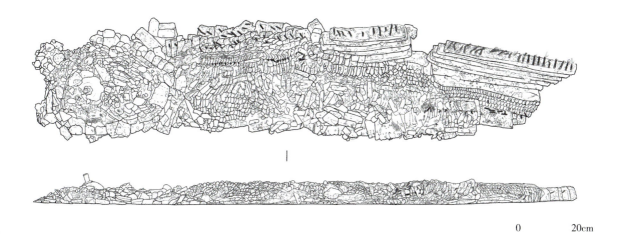

慕容智墓出土铁铠甲平、立面图

0   20cm

慕容智墓出土鎏金银马具

慕容智墓志

北

0   40cm

慕容智墓棺盖上丝织品（第三层）正射影像图

慕容智墓棺内墓主及随葬品情况

慕容智墓出土笔墨纸

慕容智墓出土绣花鞋

慕容智墓出土金银餐具

慕容智墓出土缠枝团窠鹿纹锦半臂　　　　　慕容智墓出土凤鸟、麒麟纹锦半臂

迹，北侧设砖砌棺床，棺床南侧偏西设有祭台。墓葬均为单人葬，人骨散乱。墓室内出土有漆、木、陶、石、革及各类金属器等随葬品290余件，以残漆木器居多，部分漆木器上有彩绘，并贴有金、银箔，做工精美，装饰华丽。从马场滩M2出土的开元二十七年（739年）《冯翊郡太夫人党氏墓志》可知，该处墓群为唐早中期吐谷浑蓬子氏家族墓地。

三、结语

2019年至2021年武威地区唐代吐谷浑王族墓葬群的考古发掘和文物保护，通过多学科合作、系统区域调查和科学发掘，使我们对该墓葬群布局、文化内涵方面有了全新的认识。其中出土的大量精美文物和墓志文字，为研究唐代吐谷浑家族谱系、吐谷浑墓葬及相关问题提供了重要材料，也为研究和复原唐代高等级墓葬及其葬制葬俗等提供了重要参考，还丰富和拓展了丝绸之路物质文化资料，对推动唐与丝绸之路沿线民族关系史、交通史、物质文化史、工艺美术史等相关领域的研究具有重要价值。

近三年来关于武威地区唐代吐谷浑王族墓葬群的考古发掘和研究，创造了唐代考古的多个首次：首次发现唐代白葡萄酒实物遗存、木质胡床、成套铁甲胄、六曲屏风、大型木质彩绘床榻、笔墨纸砚、木列戟屋模型，首次确认吐谷浑文、吐谷浑蓬子氏家族墓地，首次发现如此大量且保存完整、种类多样的唐代丝织品。

通过近年持续的考古工作，现可初步将武威

马场滩 M1 全景图

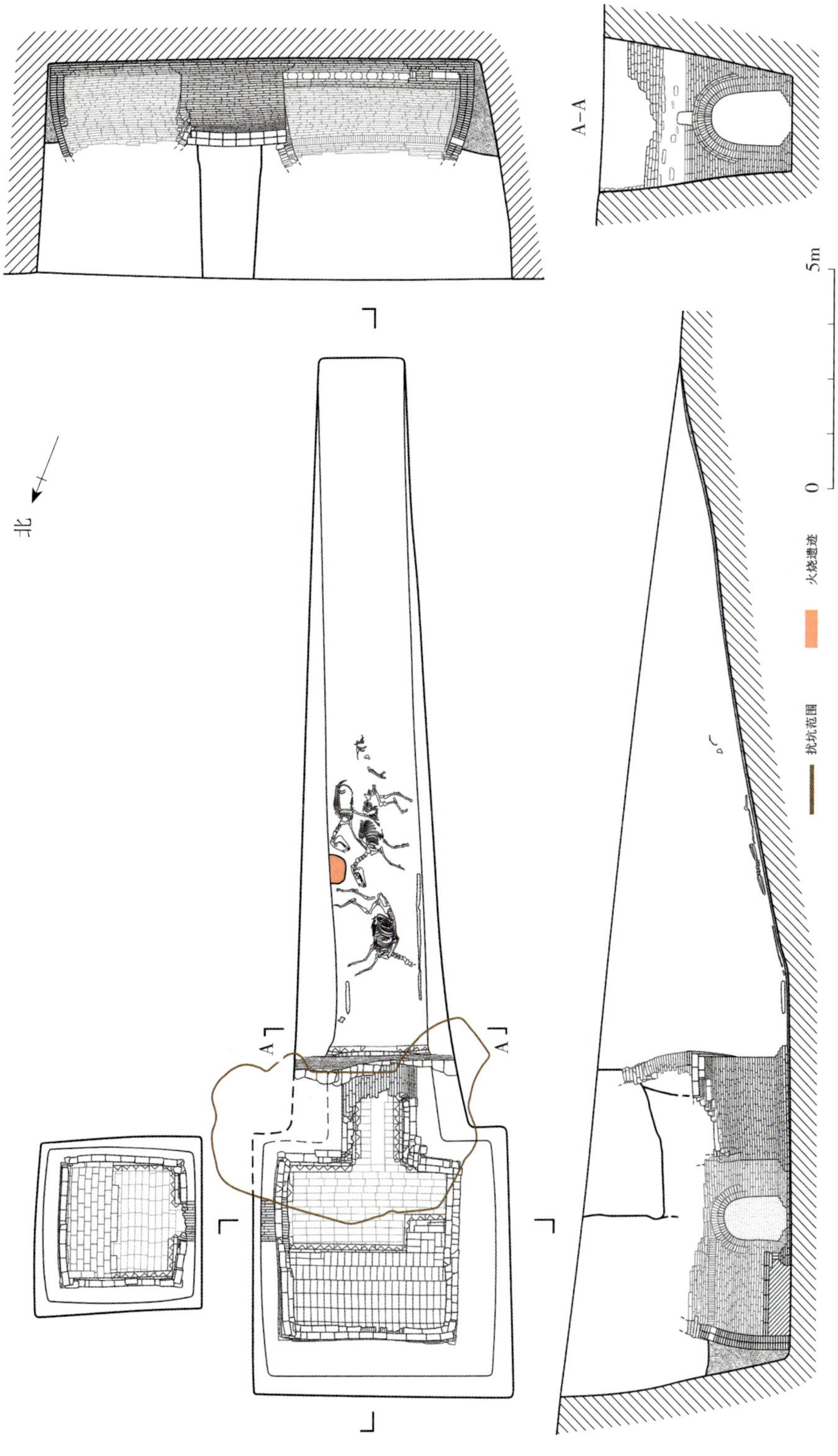

北

A—A

火烧遗迹

扰坑范围

0 5m

马场滩 M1 平面、剖视图

马场滩 M1 墓道内殉马

马场滩 M1 出土贴银凤鸟纹漆器残片

马场滩 M2 出土彩绘木器

马场滩 M2 出土冯翊郡太夫人党氏墓志

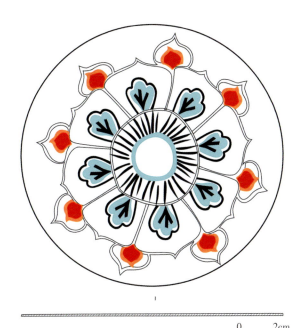

彩绘木器（马场滩 M2 采：75）

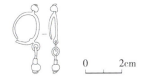

金耳坠（马场滩 M2 采：56）

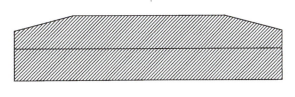

墓志（马场滩 M2：1）

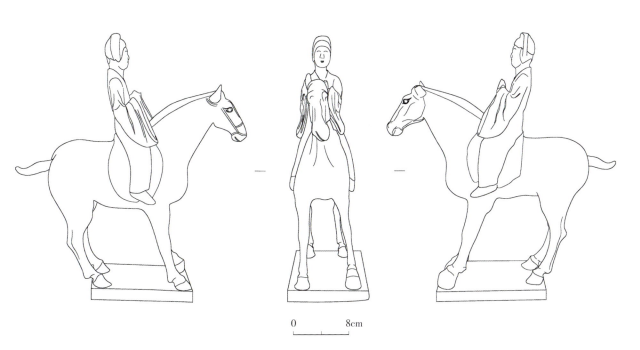

慕容智墓出土彩绘陶骑马俑（M1MDK1：2）

慕容智墓出土彩绘陶文官俑（M1MDK1：21）

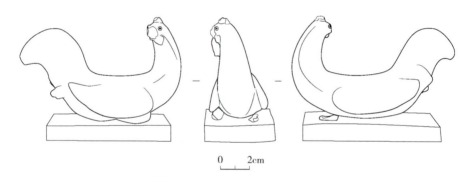

慕容智墓出土陶鸡（M1MS：42）

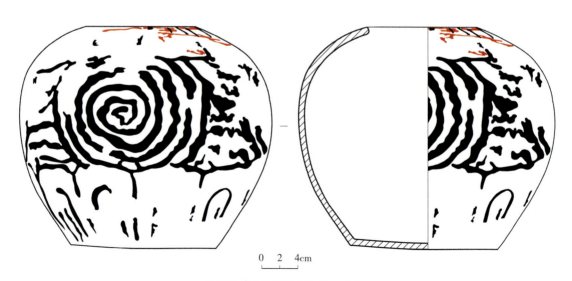

彩绘陶罐（马场滩M2采：42）

吐谷浑王族墓葬群分为以慕容智墓为代表的岔山村区（"大可汗陵"区）、以弘化公主和慕容忠墓为代表的青咀－喇嘛湾区（"阳晖谷"陵区）和以党氏墓为代表的长岭－马场滩区（"白杨山"陵区）三大陵区。墓群整体呈现出"大集中、小分散"的分布特征和"牛岗僻壤、马鬣开坟"，"地踞龙堆"的墓葬选址特征。

最为重要的是该墓群的发现，使我们能够从文字或实物层面，生动揭示吐谷浑民族自归唐以后近百年间逐渐融入中原文明体系的历史史实，并从中窥见归唐吐谷浑人思想观念、物质生活、文化认同等历史细节的变迁。此发现为推动武威地区吐谷浑王族大遗址群的可持续发展和保护利用提供了重要基础，为丝绸之路文化系统的丰富和完善提供了新的研究方向，为中华民族共同体建构研究提供了典型案例，为"一带一路"倡议的实施提供了考古学支撑。

■ 撰稿：陈国科、刘兵兵、沙琛乔

ABSTRACT

In recent years, the project team "Archaeology of the tombs of the Tuyuhun nobles of Tang Dynasty in Wuwei" has continued to carry out a series of archaeological work in Wuwei. In 2019, the tomb of Tuyuhun general Murong Zhi was excavated in Chashan village of Qilian, Tianzhu County. In 2020, the archaeological team conducted a systematic archaeological survey in the Binggou and Dashui river basins, confirming 23 tombs of the Tuyuhun noble families in four areas, and cleaned the coffin of Murong Zhi in the laboratory. In 2021, three more tombs were excavated in the Changling-Machangtan area of Qilian Town. The tombs are believed to belong to the Tuyuhun Pengzi family from the Tang Dynasty. These archaeological works have achieved interim results: A number of precious cultural relics of the Tang Dynasty were discovered. The existence of three great mausoleums in the Wuwei South Mountain region, the "Yanghui Valley", "Great Khan" and "Baiyang Mountain" mausoleums, were confirmed.

甘肃省武威市
吐谷浑墓葬群

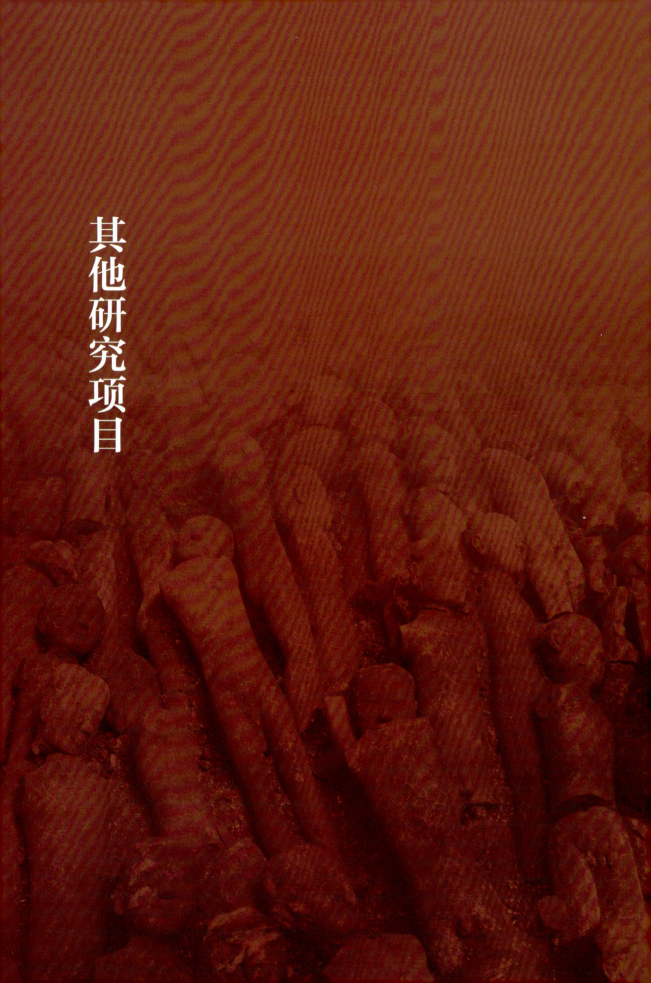

其他研究项目

2021年，"考古中国"重大项目在重点推进"中原地区文明化进程研究""长江下游区域文明模式研究""川渝地区巴蜀文明进程研究""甘肃吐谷浑墓葬群考古研究"等项目外，在其他研究领域也有重点地组织开展工作，深化对中华文明延绵不断、多元一体、兼收并蓄的总体特征和中国统一多民族国家形态及文明特征的研究。

旧石器时代考古与人类演化研究取得新进展。四川省稻城县皮洛遗址出土6000余件石制品，将有力推动研究早期人类对青藏高原的开发过程、东西方人群迁徙与文化交流等重大学术问题。山东省沂水县跋山遗址发现了丰富的古人类遗迹遗物，对于建立我国东部旧石器时代中期文化序列，论证中国乃至东亚人类的连续演化具有重大价值。河南省鲁山县仙人洞遗址出土了人类化石、石制品等，为研究中国乃至东亚早期现代人群的演化过程和特点，重建当时的气候变化和人类生存环境背景，提供了非常重要的信息。

区域文明化进程研究持续深入。河北省张家口市邓槽沟梁遗址发现距今8000年至4000年四个阶段面貌各异的文化遗存，为探讨中国北方地区多元一体化进程提供了珍贵资料。甘肃省张家川县圪垯川遗址发现大型储粮窖穴及粟、黍遗存，为研究仰韶文化早期生业形态提供了实物资料，证实陇西黄土高原是仰韶文化的又一中心区域。甘肃省庆阳南佐市遗址发现仰韶文化大型建筑和丰富遗物，是研究中华五千年文明史和早期国家起源的重大突破。广东省英德市岩山寨遗址是岭南地区迄今发现规模最大的新石器时代聚落遗址，对于深入研究石峡文化与良渚文化的互动，岭南地区先秦聚落形态演变以及早期社会复杂化进程具有重要意义。

汉唐时期政治制度史研究获得新成果。陕西省西安市江村大墓被确认为西汉早期汉文帝刘恒的霸陵。双重陵园、帝陵居中、外藏坑环绕的结构布局，奠定了西汉中晚期帝王陵墓制度的基础，对中国古代帝王陵墓制度的深入研究具有极为重要的意义。河南省洛阳市正平坊遗址是唐代洛阳城郭城内的重要里坊之一，发掘的三座庭院建筑体现了中国古代传统的建筑规划思想，对唐代政治制度史和社会生活史研究具有重要价值。

长城保护和研究得到有效实施与推进。北京市怀柔区箭扣长城是明代蓟镇长城防御体系的重要组成部分。维修工程中树立"考古先行"理念，是新时期长城保护原则和文化遗产保护理念的重要转变。陕西省靖边县清平堡遗址为明代延绥地区"三十六营堡"之一，建筑格局清晰，出土文物丰富，生动再现了明代边防守备、建筑营造、文化与民族融合等历史场景。内蒙古呼和浩特市沙梁子古城是西汉云中郡所辖县城遗址，这是首次在北方长城沿线地区发掘的粮仓建筑遗址，填补了汉代边防体系研究的空白。

四川省稻城县
皮洛遗址

工作单位：四川省文物考古研究院、北京大学考古文博学院

2021 年 4 ～ 11 月，四川省文物考古研究院联合北京大学考古文博学院在青藏高原东南缘、四川甘孜藏族自治州稻城县皮洛遗址进行发掘与系统调查。调查揭露出自中更新世晚期以来连续堆积的 7 个文化层，在上百万平方米的遗址范围内，发现数以万计包括典型手斧在内的石制品，以及古人类居住活动面等丰富的旧石器时代文化遗存，为探索青藏高原早期人类演化及东亚手斧的分布与源流等问题提供了重要材料。

一、发掘背景

（一）工作缘起

青藏高原平均海拔 4000 米以上，低温、低气压和缺氧的极端环境，素有"生命禁区"之称。近年来，考古学、古人类学、遗传学、古环境等多学科学者展开密切合作，越来越多地聚焦到早期人类何时及如何登上高原并征服高海拔极端环境等课题。西藏尼阿底、甘肃白石崖溶洞等遗址的发现，不断刷新早期人类征服青藏高原的记录。

川西高原地处我国地势第一、二级阶梯的过渡地带，也是青藏高原与中原腹地联系的重要通道。作为中国西北部和西南部的枢纽地带，川西高原向南经云贵高原连接东南亚与南亚次大陆，向北经半月形地带可与丝绸之路互通，是人类迁徙南北线交汇的关键十字路口，对于认识早期人类适应高海拔环境的历史过程和亚欧大陆东西侧人群的交流非常关键。早在 20 世纪二三十年代，外国传教士休士顿·埃德加曾在川西高原采集到两件疑似手斧，80 年代童恩正专门做过描述，但一直未发现有明确地层的遗址。

（二）学术目标与遗址发现

为了进一步探索青藏高原的早期人类活动，填补川西高原旧石器时代考古的空白，四川省文物考古研究院从 2019 年开始组织专业团队在这

皮洛遗址位置示意图

皮洛遗址远景

一区域开展旧石器时代考古专项调查工作，以主要河流的高阶地为重点，新发现旧石器地点60余处，采集包括手斧在内的石制品数百件，并于2020年5月12日调查发现了稻城皮洛遗址。

二、遗址概况

（一）地理与地质概况

皮洛遗址位于四川省甘孜藏族自治州稻城县金珠镇皮洛村，中心点地理坐标为北纬29°02′12″，东经100°16′35″，东距稻城县城约2000米，平均海拔超过3750米。遗址地处金沙江二级支流傍河和傍河小支流皮作河交汇处的宽谷区，地貌部位属傍河及支流的三级阶地。遗址形状近长方形，朝向近南北向，其南北长约2000米，东西宽约500米，总面积约100万平方米。

（二）发掘经过与发掘方法

2020年11月下旬，四川省文物考古研究院联合北京大学考古文博学院，组织多学科研究团队，确定明确学术目标，制订详细发掘计划，向国家文物局申报了2021年度的主动发掘项目并获批。发掘工作从2021年4月底开始，考古队对皮洛遗址进行系统的考古发掘与调查，至11月结束野外工作。

为了方便调查发掘记录，考古队以4条近东西向的大冲沟为界，将遗址分为五个区域，自北向南分别为C区、B区、A区、D区和E区。2021年度发掘面积200平方米，主要在B区和D区进行，布设5米×5米的大探方8个，并对各区均进行系统调查，对地表遗物按田野考古操作规程做详细记录与采集。

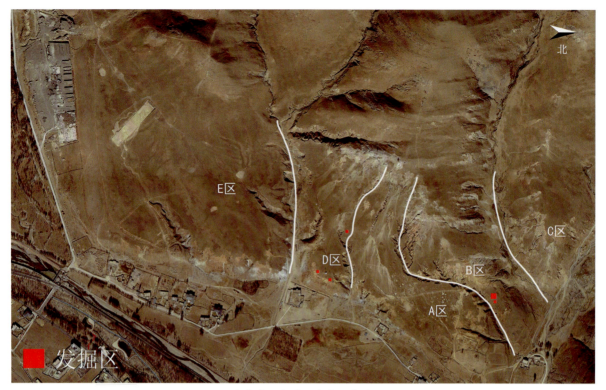

皮洛遗址分区及布方示意图

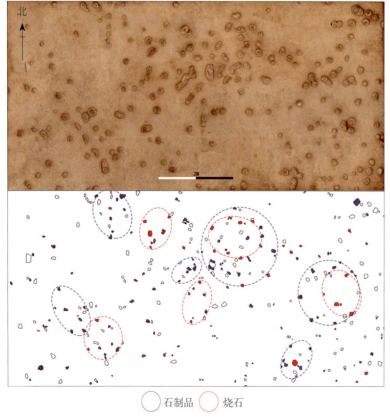

○ 石制品　　○ 烧石

皮洛遗址古人类活动面示意图

本次发掘采用水平层与文化层相结合的方式，在5米×5米的大探方内布设1米×1米的小方进行精细化操作，在同一文化层内以5厘米为一个水平层进行发掘，并对所有编号标本拍照、记录三维坐标和产状，对长度在2厘米以下的遗物按照小方进行收集，还对遗物分布密集的水平层进行了三维摄影建模。在发掘过程中注重对残留物、土壤微结构等分析样品的现场采样，在发掘过程中和结束后，在剖面上统一采集光释光测年样品、古DNA样品以及粒度、磁化率、孢粉等古环境研究的样品。

- 🟢 第三期：石英小石片石器、小型两面器
- 🟣 第二期：阿舍利技术体系
- 🔴 第一期：砾石石器

皮洛遗址地表采集遗物散点图

三、发掘收获

（一）地层

本次发掘揭露的遗址地层堆积整体上较均一稳定，除 D 区后缘探方因处于阶地后缘有较多早期次生堆积外，其余各探方地层的土质土色、堆积序列乃至厚度都高度相似。各探方地层总厚度都在 2 米左右，砂砾石层以上的土状堆积可划分为 8 层，其中第①层为晚近时期形成的草皮，第②～⑧层均为旧石器时代文化层，整体都呈现出红、黄土交替的特征，反映了地层形成期间古气候的冷暖波动。

（二）遗迹

发掘揭露了多个古人类居住活动面，石制品及人工搬运砾石数量众多且分布密集，一些活动

皮洛遗址发掘探方图

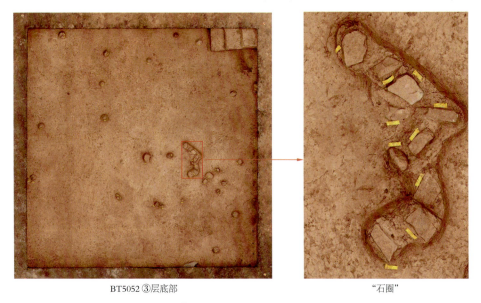

BT5052 ③层底部　　　　　　　　　"石圈"

皮洛遗址探方出土半环状"石圈"

面上发现的石制品表面有灼烧产生的裂纹、崩疤等痕迹且分布有一定规律，可能与较为频繁的用火行为有关。在第③层发现半环状"石圈"遗迹，该遗迹为刻意选取的扁平砾石环绕成半环状，具体性质有待进一步研究工作。

（三）遗物

发掘共获得编号标本7191件，均为石制品。

根据初步的整理观测，石制品中打击痕迹明确的人工制品占45.17%，包括石核604件，石片699件，工具508件，断块786件，残片605件，使用砾石47件，还有3941件没有明确人工打击痕迹的砾石，占54.80%。工具主要以大石片为毛坯，直接用砾石生产的砍砸器和手镐仅占7%，边刮器是最主要的器物类型，占到了60%以上，其次

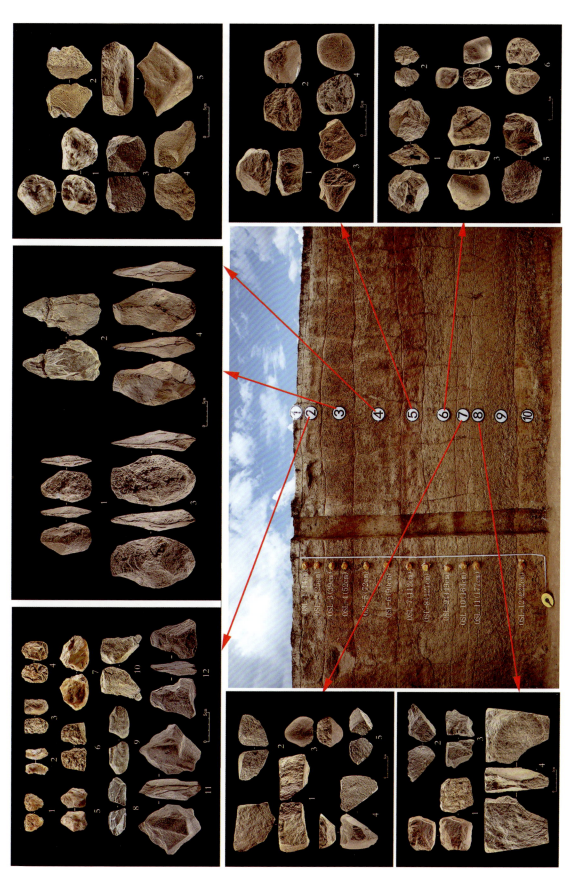

皮洛遗址地层及部分遗物

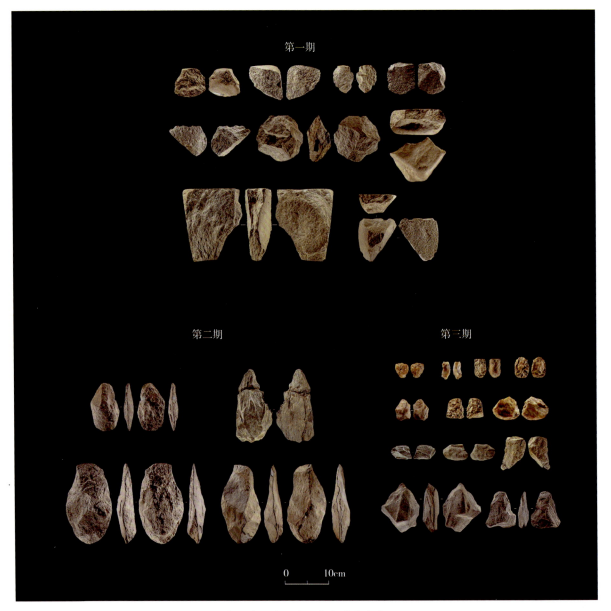

皮洛遗址地层出土部分遗物分期

为凹缺器和锯齿刃器，部分地层中还有少量的尖状器、锥钻、鸟喙状器等有尖工具。

根据地层关系、堆积特征、遗物发现情况显示，遗址遗物大致可以分为三期。

第一期：第④～⑧层，共发现石制品4786件，原料中砂岩占95%以上，其次为石英，其余原料占比均不足1%。石核剥片程式整体比较简单，利用率不高，约有2/3都是仅有1～2个片疤的

尝试石核，平均拥有的台面和剥片面数量仅略多于1，转向剥片比较少见；石片中存在大量Ⅰ型石片，所有石片背面片疤数量的平均值甚至不足1.0，台面中也很少见到完全没有石皮或节理面的类型。

第二期：第③层，共发现石制品1387件，原料中砂岩仍占绝对多数，但比例下降到90%左右，石英和板岩的比例提高。这一阶段砂岩石

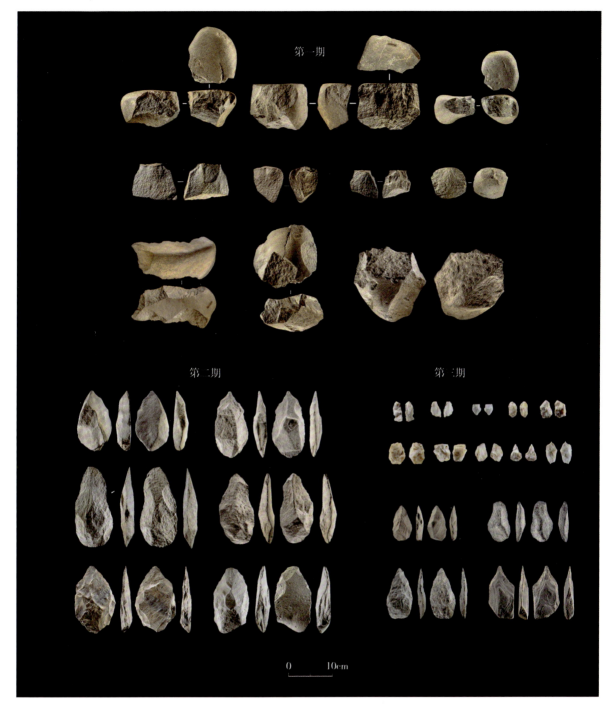

第一期

第二期   第三期

0   10cm

皮洛遗址地表采集部分石器分期

制品的组合、剥片策略、工具类型与修理方式均与前一阶段比较相似，但新出现了板岩加工的手斧。此类工具呈三角形或水滴形，两面修理，加工程度高，器形对称，修长薄锐，平均长度近15厘米，长宽比和宽厚比分别达1.8和2.9，显示了高超的修理技艺，是这一阶段最为突出的文化特征。

第三期：第②层，共发现石制品1018件，

皮洛遗址采集及出土薄刃斧

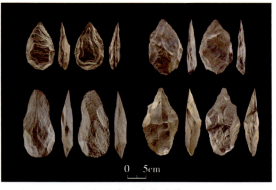

皮洛遗址采集手斧

手斧　　　　　　　　　手镐　　　　　　　　　薄刃斧

皮洛遗址阿舍利技术体系组合示意图

皮洛遗址出土烧石细节图

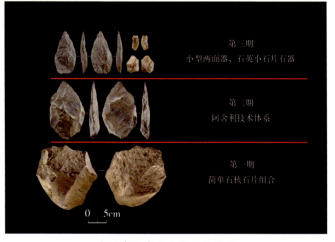

第三期
小型两面器、石英小石片石器

第二期
阿舍利技术体系

第一期
简单石核石片组合

皮洛遗址遗物三期变化过程

原料中砂岩的比例进一步下降，石英和板岩的比例提高到 10% 以上。这一阶段的砂岩制品继续延续此前阶段的特征，但新出现了加工更为复杂的小型石英石制品。以石英小石核为例，尽管平均重量仅有同层砂岩石核的 1/3，但平均片疤数量达到了同层位砂岩石核的 2.5 倍，平均转动次数更是高达同层砂岩石核的 5 倍，显示石英小石核采用了更为复杂的剥片策略。这一时期也发现有板岩修理的两面器，但尺寸明显小于第③层的发现，平均重量只有③层手斧的 40% 左右。

皮洛遗址多学科考古（古 DNA、年代学、环境考古、第四纪地质）工作照

（四）地表采集

皮洛遗址总面积达 100 万平方米，受高原地区寒冻风化剧烈、土壤剥蚀严重的影响，遗址地表散落分布大量石制品。由于遗址受到的晚期干扰破坏较少，石制品在剥蚀暴露后很少有明显的空间位移，基本可以保留原始的位置信息，其中还有不少典型的石制品可与地层发掘的材料参照对应。鉴于上述情况，考古队建立了地表采集系统，记录地表所有典型石制品的类型和风化磨蚀情况，拍照后用 RTK 测量并记录三维坐标，最后收集带回遗物进行分类测量研究。本年度地表采集工作共获得典型标本 3000 余件，极大地填补了发掘面积有限的不足，系统地还原了整个遗址范围内不同时期遗物的空间分布状况，为了解各阶段人类栖居形态的变化过程提供了重要的信息。这种发掘与系统采集相结合的模式也为高海拔剥蚀地貌区的旧石器考古工作提供了新的思路。

四、重要意义

根据北京大学城市与环境学院年代实验室初步的光释光测年结果，遗址第③层的年代不晚于距今 13 万年，下部年代结果暂未知，整体上属于旧石器时代中期阶段。历经半年多的科学发掘与系统调查显示，稻城皮洛遗址是一处时空位置特殊、规模宏大、地层保存完好、文化序列清楚、遗物遗迹丰富、技术特色鲜明、多种文化因素叠加的罕见的超大型旧石器时代旷野遗址，具有非常重要的科学价值与学术意义。

首先，皮洛遗址在青藏高原东南地区揭露出 7 个连续的文化层，完整保留、系统展示了"简单石核石片组合—阿舍利技术体系—小石片石器与小型两面器组合"的旧石器时代文化发展过程，首次建立了四川和中国西南地区连贯、具有标志性的旧石器时代特定时段的文化序列，为该区域其他遗址和相关材料树立了对比研究的参照和标尺。

第二，皮洛遗址发现的手斧、薄刃斧等遗物是目前世界上海拔最高的阿舍利技术遗存，也是目前东亚地区形态最典型、制作最精美、技术最成熟、组合最完备的阿舍利组合，为长达半个多世纪的"莫维斯线"论战画下了休止符。同时，皮洛等川西高原含手斧的遗址填补了东亚阿舍利技术体系在空间上的一个关键缺环，串联起印巴次大陆、中国南北方直至朝鲜半岛的阿舍利文化传播带，对于认识亚欧大陆东西侧远古人群的迁徙和文化交流具有特殊意义。

第三，皮洛遗址地处青藏高原，连续的地层堆积和清楚的石器技术演变序列表明，拥有不同技术体系的人群都曾陆续进入高海拔地区并在皮洛遗址持续繁衍生息。他们留下了大范围分布的文化遗物，充分展现了早期人类征服高海拔极端环境的能力、方式和历史进程，将早期人类登上青藏高原的年代大大提前。这进一步改写了只有距今数万年前出现的现代人才具备登上高海拔极端环境的技术与能力的传统认识，也提供了该地区古环境变化与人类适应耦合关系的重要生态背景和年代学标尺。

■ 撰稿：郑喆轩、冯玥、谭培阳、王幼平、何嘉宁

ABSTRACT

From April to November 2021, the Sichuan Archaeology Research Institute and School of Archaeology and Museology, Peking University, conducted systematic survey and excavation at Piluo site in Daocheng County, Sichuan Province, on the southeast slope of the Tibetan Plateau. Fieldwork yielded seven continuous cultural layers dating back to the late Middle Pleistocene, and discovered over ten thousand pieces of lithic artifacts such as hand axes, as well as layers of human settlement and other Paleolithic remains, in an area of over one million square meters. These findings provided vital evidence for exploring the evolution of early humans on the Tibetan Plateau, and the origin and distribution of hand axes in East Asia.

山东省沂水县
跋山遗址

工作单位：山东省文物考古研究院、沂水县文化和旅游局

一、工作缘起

跋山遗址位于山东省沂水县河奎村，北距山东省第三大水库——跋山水库约 300 米。2020 年 7 ~ 8 月，沂水县降水丰沛，水库进行调洪放水，水流冲刷河道边沿台地，使河道东侧堆积内的象牙等大型动物化石暴露出来，沂水县文化和旅游局获悉后，协同山东省文物考古研究院工作人员赴实地勘察，确认其为一处旧石器时代遗址。2021 年 4 月至 6 月对其展开抢救性发掘工作。发掘面积 55 平方米，出土石制品、骨牙角制品及动物化石 5000 余件。初步测定遗址年代为距今约 10 万 ~ 6 万年。同年 9 月 27 日，国家文物局召开"考古中国"重大项目重要进展工作会，通报跋山遗址重要考古发现成果。10 月 28 日，遗址入选"山东百年百项重要考古发现"名录。跋山遗址是山东省近年来发现

跋山遗址所在区域地貌

跋山遗址 2021 年发掘情况

的文化内涵最为丰富且为数不多具有原地埋藏的旧石器时代遗存。

二、遗址概况

跋山遗址所在区域属于鲁中南的沂蒙山腹地低山丘陵区，行政区划属临沂市沂水县沂城街道河奎村。其北所邻的跋山水库为沂河和暖阳河交汇而成。遗址西为沂蒙七十二崮之一的无儿崮下白腊顶，东与西跋山相距 2 千米。该遗址先前地貌形势为西、北两面环山，跋山水库泄洪水道自遗址东北向西南流过。20 世纪 70 年代末溢洪闸闸门西扩，水道改自遗址西侧流过。因经受多年流水冲刷，土状堆积支离破碎，发现时残存区域分为南、北两个独立堆积。根据地层比对和衔接，综合来看整个地层堆积厚约 8 米，结合探沟揭露

情况，目前划分为 14 个自然层。

遗址被发现后，于 2020 年 9 月末，申获国家文物局批准进行抢救性发掘，后因所处区域涉及溢洪河道周边环境改变，在做综合测评之前未做任何实质性发掘。2021 年 4 月，始开展抢救性发掘工作。受汛期影响，不断压缩工期，增大发掘强度。经一个多月的清理发掘，出土"大象埋藏坑"等重要遗迹遗物，随即暂停发掘，召开专家现场会。鉴于跋山遗址的发现在山东乃至全国范围内均极为重要，因此需要制订长远的发掘、研究规划。考古工作遂由赶在汛期前结束的抢救性发掘，改为主动性、系统性发掘，初步拟定为期五年的考古、调查工作规划，以便可以多学科参与，更加细致、系统地发掘和揭露遗址的文化内涵。

跋山遗址 2020 年清理出土鹿角

跋山遗址 2021 年上文化层出土披毛犀下颌骨

跋山遗址 2021 年发掘区域及遗迹现象

  2021 年的发掘工作共清理遗址面积约 55 平方米。发掘区分南、北两区，二者高差 3.5 米。由于遗址所在区域临水，此前已被水流逐年不同程度冲蚀，被发现、确认时，南发掘区上部文化堆积大部已被削平，没有一个完整的大剖面，十分遗憾。所幸北发掘区上部堆积尚有存留，南、北发掘区剖面经比对追踪，可以衔接起来。北区包括文化层的上部堆积，目前观察主要是第①层至第⑤层，均仅出石制品，暂未见化石，堆积厚度 4.08 米。南区北剖面可见第⑤层至第⑧层，

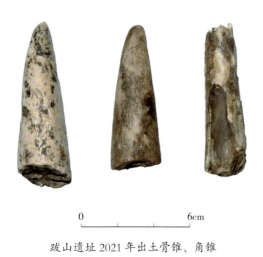

跋山遗址 2021 年出土骨锥、角锥

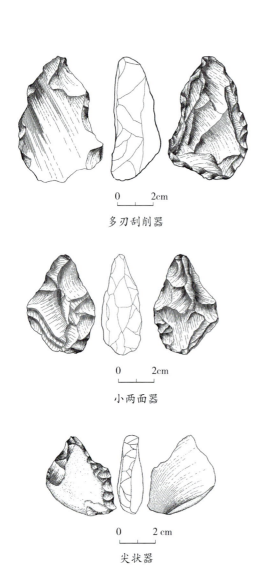

多刃刮削器

小两面器

尖状器

其中第⑧层见古菱齿象臼齿及门齿、披毛犀下颌骨及大量石制品。其下第⑨层至第⑭层堆积情况仅从探沟处探知。TG2 可见第⑩层至第⑫层为以粉砂为主的细小堆积物沉积，第⑬层为角砾层，含丰富的文化遗物，包括石制品和大型哺乳动物化石。其下即为底砾层，未见底。发掘过程中开掘探沟 6 条（TG1 ～ TG6），清理主剖面、辅助剖面各 3 个。结合探方和探沟情况可知每个层位都包含石制品。至少 3 个文化层出土动物化石。2021 年的发掘工作清理至北区第④层中部及南区第⑧层底部。

2021 年发掘出土及地表采集文化遗物十分丰富。尤为重要的是，除石制品外，发现大量动物化石及一定数量骨制品。目前对遗址剖面采集 6 个光释光样品，初步测年数据指示遗址堆积年代跨度为距今 10.4 万～ 6.1 万年。结合地层剖面及周边调查判断遗址沉积类型应为河流阶地堆积，期间偶有扰动。石制品原料绝大多数为脉石英，来自 2 千米外的西跋山。山体围岩系元古代震旦系细砂岩，轻变质，石英脉系中生代花岗岩侵入冷却分异过程中而成。调查时，在西跋山仍随处可见多种颜色的脉石英。石料充足、易获得，这应该是跋山先民长期在此活动的重要原因之一。此外，遗址出土石英制品以白色为多，因其节理少，个体大，也在一定程度上反映了古人类对优质石料的甄别能力。

三、主要发现

目前已揭露文化层 8 个、人类活动面 1 个、发现疑似用火遗迹 3 处。出土、采集石制品及动物化石 5000 余件。类型十分丰富，包括锤击石核、砸击石核、盘状石核及对应的石片、断块、碎屑等，工具可见石球、刮削器、砍砸器、尖状器、石钻及锯齿形器等。因发掘工作刚刚开始，室内整理工作尚未系统开展。

跋山遗址 2021 年下文化层出土象牙制铲形器　　　　跋山遗址 2021 年清理下文化层古人类活动面

0　　　　10cm

象牙制铲形器

本次发掘最大收获为出土一批骨牙角器。类型除角、骨锥外，可基本确认存在对鹿角进行切割的人类行为。最为重要的发现是下文化层出土一件铲形器，是选用古菱齿象门齿修制而成的。修制过程大体分为初步修理、整形，继而使前端变薄呈铲状，铲面甚为光滑。目前采用铀系和光释光两种测年方法对牙铲掉落残块及同层土壤进行测定，年代数据分别为距今 9.9 万年和 10.4 万年，两种测年数据与同层石制品技术特征基本吻合。就目前掌握材料，以象牙为原料制作实用工具的情形极为罕见。

最下部尚未清理文化层，据 4 条南北向探沟基本判明叠压关系及形成环境。据揭露剖面初步判断下文化层为河流阶地底砾层及上覆河沼相静水沉积环境形成堆积。对所掘南北向 TG2 ～ TG4 初步清理至底砾层（仅水面上部分，未及底），在探沟里或其南邻小区域内均有

象牙出土：TG3 南邻区域不足 4 平方米范围内，包含古菱齿象 3 个下颌骨及 1 段股骨化石，周边散落大量石英制品及原始牛、赤鹿等动物化石；TG4 清理出象门齿；TG2 所出土的发现尤为重要，除发现一段古菱齿象臼齿外，象门齿修制而成的铲形器即出自这一层。

四、发现意义

跋山遗址地层堆积厚，古人类活动持续时间长。初步清理出土的石制品及动物化石数量丰富，且含有动物骨、角、牙等制作的工具。已发现疑似用火遗迹和肢解动物的人类行为，应存在古人类活动面。这些发现填补了山东及中国北方地区旧石器时代考古的空白。尤其是以古菱齿象骨骼为主的动物化石与大量石器间杂分布，对复原、研究晚更新世中晚期古人类对遗址的利用情况及生计方式提供了极为重要的考古学材料。古人类选取居址位置既临近河流，又靠近石料产地，显示出很强的择优能力。同

跋山遗址 2021 年上文化层出土石核

跋山遗址 2021 年上文化层出土石片

时，就目前掌握的动物种属来看，跋山遗址与华北地区典型晚更新世动物群爪村动物群极为相近，所含动物种类似较后者为多。

遗址的最下部堆积年代超过距今 10 万年，最上文化层的年代距今约 6 万年。通过调查发现，在溢洪河道斜对面、直线距离约 200 米，海拔高度较跋山遗址北区顶部堆积高约 5 米的层位发现石制品，同样是采用石英作为石料。目前这个层位尚未获得测年数据，推测晚于跋山遗址上部文化层年代，很可能在距今 5 万年内。因此，跋山遗址及其周边文化堆积所处时段连续、关键，地质埋藏堆积过程复杂、丰富，为认识中国及东亚现代人出现与发展提供了非常关键的新证据。对回答晚更新世中晚期山东地区的自然环境变化、末次冰期东亚现代人起源、迁徙等国际热点问题具有重要的学术价值。山东地区处于独特的地理区位，生物多样性明显，在解释东亚人扩散问题方面具有其他区域无法比拟和替代的地位和作用。

遗址沉积环境为河流阶地堆积，可见清晰的二元结构，具体来说属于沂河Ⅱ级基座阶地，基座为古生代石灰岩。依探沟可见，部分以粉砂为基质的文化层为原地埋藏的可能性极大，保留的古人类活动信息应更为丰富。最下部底砾层及上覆河沼相静水沉积环境是古人类首次利用的活动面，初步判定为古人类对大型哺乳动物进行狩猎、屠宰、肢解的场所。数量丰富的人工制品被发现，反映了古人类在生存策略和行为活动方面具有计划性和前瞻性。同时一定量骨器的制作和使用为探讨现代人行为模式的研究提供极为重要的实物资料。

跋山遗址是山东省境内少有，且极具研究价值的旧石器遗址，在建立中国北方乃至东亚地区旧石器文化发展序列，复原早期人类发展史，特别是关于现代人起源与发展研究等方面具有巨大潜力与科研前景。

■ 撰稿：李罡、孙波、杨雪峰、颜世全、尹纪亮

ABSTRACT

The Bashan site is located in the village of Hekui in Yishui, Shandong, about 300 meters to the north of the Bashan Reservoir. In July and August 2020, as the reservoir released its water, it also uncovered large animal fossils such as ivory in the east bank of the river, which was confirmed as a Paleolithic site with thick deposits. From April to June 2021, the Shandong Provincial Institute of Cultural Relics and Archaeology and Yishui County Culture and Tourism Bureau conducted rescue excavations. Together, they excavated an area of 55 square meters, finding more than 5000 pieces of stone artifacts, bone, tooth and horn artifacts and animal fossils. The stone artifacts are mostly made of vein quartz, and are rich in type, including flake cores, bipolar cores, discoidal cores and corresponding stone flakes, chunks, flake fragments, etc. The tools include spheroids, scrapers, choppers, pointed tools, anvils and serrated blades, etc. The biggest harvest of this excavation is the discovery of a number of bone tooth horn artifacts. In addition to horns and bone cones, a shovel-shaped object made from the incisor of a Palaeoloxodon was also unearthed in the lower cultural layer. In addition, it can be confirmed that there was human behavior of cutting antlers. The deposits are more than 8 meters thick and are divided into 14 cultural layers. Preliminary dating of the site is 61, 000–104, 000 BP.

The Bashan site is a rare paleolithic site in Shandong Province with great value for research. Its discovery filled a void in the paleolithic archaeology of Shandong, as well as all of Northern China. The continued study of the Bashan site has great potential to shape the understanding of social development in the early humans of Northern China and East Asia, bringing us closer to understanding the origin of all modern humans.

河南省鲁山县
仙人洞遗址

工作单位：河南省文物考古研究院、平顶山市文物局、鲁山县文物保护管理所、重庆师范大学、圣路易斯华盛顿大学、山东大学、中国科学院古脊椎动物与古人类研究所、南京师范大学

河南鲁山仙人洞是一处旧石器时代中晚期洞穴遗址，分大小两个洞。Ⅰ号洞穴保留原生堆积，发现古人类头骨碎块、石制品及丰富动物化石，动物化石初步测年显示其年代为距今约4万～3万年。遗址出土的人类化石及相关材料对于研究中国乃至东亚早期现代人群的演化过程，分析该地区旧石器时代文化特点和古环境背景等，提供了非常重要的材料和信息。

一、工作缘起

河南作为中国乃至东亚大陆的核心地区，是中国现代人起源研究的重要区域，是晚更新世古人类与文化向南北和东西迁徙与交流的中心，调查发现、发掘的旧石器地点多达500余处，平顶山市位于河南省中南部，北接洛阳盆地，南邻南阳盆地，东为黄淮平原。境内有山地、丘陵、岗地、平原4种地貌类型，地处豫西山地和淮河平原的过渡地带。境内大体有三列山地夹两组河谷平原，主要有汝河、沙河、澧河、干江河、三里河等31条较大河流，河流两岸阶地发育。平顶山地区处于暖温带和亚热带气候交错的边缘地区，具有明显的过渡性特征。平顶山以西的栾川盆地开展了多次旧石器调查，发现旧石器地点30余处，尤其以"栾川人"的发现

最为著名；以南的南阳盆地发现旧石器地点百余处，尤其是在紧邻鲁山的南召县，曾发现南召猿人；以东的嵩山东麓地区，发现李家沟、老奶奶庙等300多处重要旧石器遗址以及著名的许昌人遗址。然而，具有较好地理、环境优势的平顶山地区几乎未发现旧石器遗址。寻找距今约10万～4万年的旧石器时代文化遗存，填补河南地区这一阶段的文化空白，揭示本地区文化连续性，研究中国现代人起源，是河南旧石器时代考古工作者长期探索的课题。

2019～2021年，在河南省文物局、河南省科技厅、河南省文物考古研究院支持下，河南省文物考古研究院联合平顶山市文物局、鲁山县文物保护管理所在鲁山县进行系统旧石器考古调查。共发现旧石器地点44处（旷野遗址），石制品203件，动物肢骨18件。石制品中10余件出自地层中。石制品类型包括石核、石片、刮削器、砍砸器等，原料主要为脉石英、石英岩、石英砂岩等。石制品总体特征可分为两类：一类是以砾石为毛坯制作石器，剥片方法主要为锤击法，以砍砸器等大型石器为主；另一类是以石片为毛坯制作石器，类型主要为刮削器、尖状器等小型石器。尤其重要的是，2020年发现了鲁山仙人洞遗址，这些发现为探讨上述课题

提供了契机。

二、遗址概况

鲁山仙人洞遗址位于平顶山市鲁山县观音寺乡西陈庄村石门沟组，海拔 576 米，处于陡峭崖壁上，分大、小两个洞，分别定名为仙人洞 I、仙人洞 II，仙人洞 I 长 9 米，宽 3 米，高 3.9 米，洞内面积约 30 平方米，地层堆积厚约 2.58 米，共分 8 层；仙人洞 II 长约 20 米，宽 2～5.2 米，最高约 8 米，地层堆积厚约 5 米。2020 年、2021 年，河南省文

物考古研究院、平顶山市文物局、鲁山县文物保护管理所组成的联合考古队，对仙人洞 I 进行抢救性考古发掘，发掘面积 14 平方米。根据洞内实际情况，将仙人洞 I 划分 27 个 1 米 ×1 米探方，部分探方不完整。发掘前对浮土过筛。鉴于地表遗物非常密集，对浮土以下堆积采用操作层和文化层相结合的方式，按照 5 厘米一个水平层，逐层向下发掘。对出土的每一件化石和石制品进行登记、拍照，详细记录三维坐标、倾角和走向等；发掘出的土全部过

鲁山仙人洞遗址位置图（下图北—南）

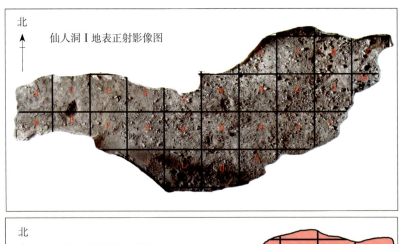

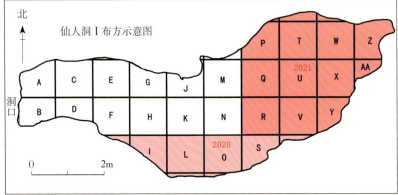

鲁山仙人洞Ⅰ地表正射影像及布方示意图

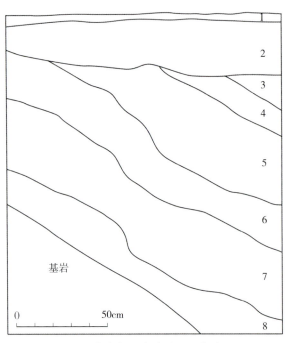

2020年发掘区北壁剖面示意图

2020年发掘区北壁剖面图

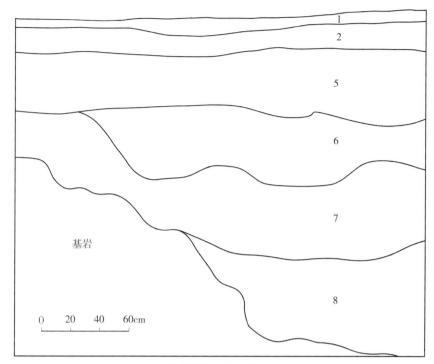

2021 年发掘区东壁剖面示意图

2021 年发掘区东壁剖面图

筛，并运至山下，集中进行浮选。发掘结束后，在剖面采集光释光测年样品及孢粉分析、磁化率分析等所需的土样。

仙人洞遗址发现动物碎骨及牙齿 10 000 余件，破碎严重，可鉴定标本共 287 件，可鉴定种属至少包括 6 目 16 科 22 种：中华鼢鼠（*Myospalax fontanieri*）、中国仓鼠（*Cricetulus griseus*）、中华竹鼠（*Rhizomys sinensis*）、沙鼠（*Meriones* sp.）、黄胸鼠（*Rattus flavipectus*）、松鼠（*Sciurus* sp.）、飞鼠（*Pteromys* sp.）、豪猪（*Hystrix* sp.）、草兔（*Lepus capensis*）、黄鼬（*Mustela sibirica*）、狼（*Canis lupus*）、棕熊

鲁山仙人洞Ⅰ2020年发掘现场

鲁山仙人洞Ⅰ2021年发掘现场

（ *Ursus arctos* ）、猕猴（ *Macaca mulatta* ）、獐（ *Hydropotes* sp. ）、麝（ *Moschus* sp. ）、梅花鹿（ *Cervus nippon* ）、马鹿（ *Cervus elaphus* ）、野猪（ *Sus scrofa* ）、牛（ Bovidae gen. et sp. indet. ）、山羊（ Caprinae gen. et sp. indet. ）、羚羊（ *Gazella* sp. ）、普通马（ *Equus caballus* ），另包括鸟类14件、爬行类1件。地层中发现可鉴定动物遗存100件，哺乳动物种属至少包括5目10科12种，未发现非哺乳动物遗存。

具体种属包括：黄胸鼠（*Rattus flavipectus*）、飞鼠（*Pteromys* sp.）、狼（*Canis lupus*）、棕熊（*Ursus arctos*）、猕猴（*Macaca mulatta*）、獐（*Hydropotes* sp.）、麝（*Moschus* sp.）、梅花鹿（*Cervus nippon*）、野猪（*Sus scrofa*）、山羊（Caprinae gen. et sp. indet.）、羚羊（*Gazella* sp.）、普通马（*Equus caballus*）等，为典型晚更新世北方动物群，未见灭绝种，主要出自第①、②、⑤层，生存年代大致为距今4万~3万年。骨表痕迹多受自然力、动物作用，发现2件疑似人工砍痕的标本。

遗址内发现石制品14件，包括石片、刮削器和断块，原料有石英岩、脉石英、灰岩，剥片方式

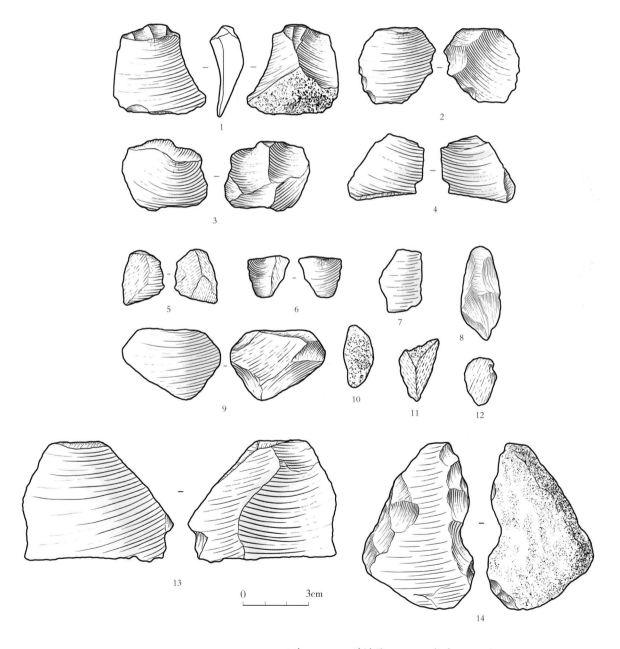

1、3、4、5、6、7、9、12、13.石片　2、14.刮削器　8、11.断块　10.砾石

鲁山仙人洞Ⅰ部分遗物出土情况

为锤击法，属中国北方传统石片工业范畴。

在仙人洞遗址的发掘过程中，采集沉积物样品共18份，目前在已经分析的9份土样中发现了较为丰富孢粉化石，包括23个种类的434粒孢粉，其中蕨类比例较高，主要类型包括凤尾蕨（Pteridaceae）、水龙骨（Polypodiaceae）、蹄盖蕨（Athyriaceae）、三缝孢（Triletes），裸子植物主要有松属（Pinus）、麻黄属（Ephedra），另有

较为丰富的阔叶乔灌木，包括栎属（Quercus）、桦属（Betula）、榆属（Ulmus）、胡桃属（Juglans）、漆树属（Rhus）、沙棘属（Hippophae）、蔷薇科（Roseaceae），草本含量较少主要包括蒿属（Artemisia）、藜亚科（Chenopodioideae），以及禾本科（Poceae）。

从目前获得的文化层及上下地层的孢粉数据判断，洞内沉积物中的孢粉有相当一部分来自

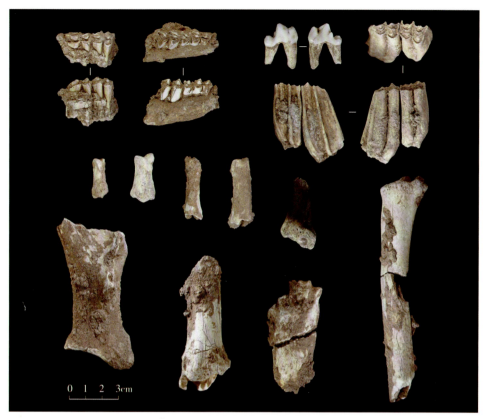

鲁山仙人洞Ⅰ出土的部分动物化石

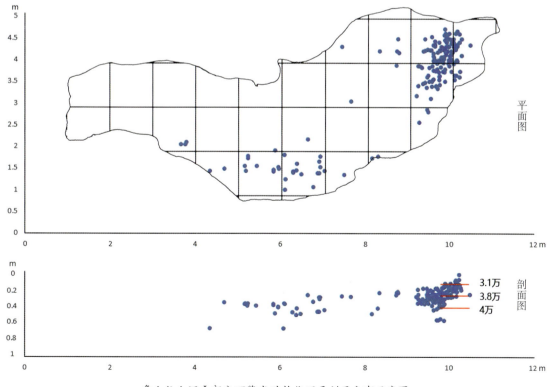

鲁山仙人洞Ⅰ部分可鉴定动物化石平剖面分布示意图

鲁山仙人洞遗址发现的石制品

鲁山仙人洞Ⅰ发现的部分人头骨断块

于洞内生长的喜阴湿的蕨类植物，在洞穴沉积发育的过程中周边的植被应该以暖温带阔叶落叶林为主。

仙人洞Ⅰ内发现人牙和头骨断块200余件，破碎严重，均出自第①、第②层，初步判断有些标本有一定石化。

三、结语

鲁山仙人洞遗址内发现的2件头骨，经铀系法测定，年代分别为距今3.2万年和1.2万年，经初步辨识，石化程度与之相近的还有38件。铀系法测定其中3件为动物化石，分别为距今1.4万年、3.4万年和3.7万年，11件为人头骨断块，多数集中在距今0.5万～0.3万年。碳十四法测定35件标本，仅11件测出结果，其中4件动物化石年代分别是距今约3.1万年、3.4万年、3.8万年和4万年。

鲁山仙人洞是一处旧石器时代中晚期洞穴遗址，遗址内发现的石制品数量较少，从现有的石制品加工特点，可初步判断其属于中国北方传统石片工业范畴。

鲁山仙人洞是一处旧石器时代中晚期洞穴遗

址，洞Ⅰ保留多个文化层位，集中保持了特定时期不同阶段人群活动的证据，遗址出土丰富人类化石。距今5万～3万年，是早期现代人扩散及其行为出现、发展的关键时段，这一阶段出土古人类化石的遗址很少。这批材料对于研究中国现代人起源、演化具有重大意义。以往研究表明这一阶段中原地区已有繁荣的旧石器文化，证明了中国旧石器文化的连续发展，现代人类的本土起源。仙人洞遗址发现的石制品所反映出的文化特征，表明其未受到同时代西方人类文化的影响，与本地区更早期的文化一脉相承。这一阶段人类化石和遗传证据还十分薄弱，在鲁山仙人洞遗址中，发现了目前河南省最早的早期现代人化石，填补了中原地区这一阶段人类演化的空白，为中国现代人起源研究提供了重要材料。动物化石出土丰富，且与人类遗存共生，这为研究人类对食物资源获取的能力、方式和人类生存条件提供了珍贵材料和信息。遗址处于末次冰期，所保存的多层位沉积信息对研究当时的气候变化和人类生存环境背景具有重要的价值。

■ 撰稿：赵清坡

ABSTRACT

Xianrendong Cave in Lushan County is a middle-late Paleolithic site, divided into two caves. No.1 Cave is larger and No.2 is smaller. Well-preserved primary deposits from No.1 Cave include a rich assemblage of human skull fossil fragments, stone artifacts and animal fossils. The animal fossils are dated about 30 ka to 40 ka according to preliminary dating. Human fossils and other materials from the site provide vital evidence for studies on the evolutionary trajectory of early modern humans in China and East Asia, and on the Paleolithic cultural characteristics and environment of the region.

河北省张家口市
邓槽沟梁遗址

工作单位：河北省文物考古研究院、河北师范大学、张家口市文物考古研究所、崇礼区文化广电和旅游局

一、工作缘起

张家口地区是史前中原文化与东北、西北地区古文化接触的"三岔口"，是北方与中原文化交流通道上的重要节点，是研究史前文化互动的关键性区域。近年来，冀西北坝上地区新发现的距今8000~6000年的考古遗存，更是将史前研究的焦点汇聚于此。为进一步完善张家口地区考古学文化谱系研究，细化史前不同时期各考古学文化是如何在该区域碰撞交流，进而向外传播的过程，河北省文物考古研究院对张家口地区相关遗址开展考古工作。

2015年起，河北省文物考古研究院联合多家单位对清水河流域展开了区域系统调查，并选取邓槽沟梁遗址进行考古发掘。邓槽沟梁遗

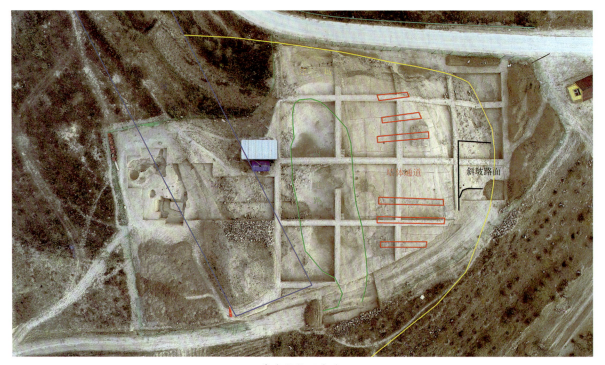

瓮城结构及城墙

瓮城夯土版块

址于第三次文物普查时被发现，该遗址面积大、文化内涵丰富、地理位置重要、保存较好，是开展相关研究的不二之选。我们希望通过对该遗址的发掘，构建起张家口地区更加详细的史前考古学文化时空框架，推动中原与北方地区考古学文化互动过程的阐释与研究。

二、遗址介绍

邓槽沟梁遗址位于河北省张家口市崇礼区高家营镇大水沟村北，西侧紧临清水河，西南距张家口市区约2000米。遗址坐落于清水河谷东侧二级阶地之上，遗址中部有一条东西向自然冲沟，将其一分为二。遗址地表大部分为林地、耕地，仅南部被大水沟村占压。

2015年至今，已发掘约2000平方米，共发现四个阶段的文化遗存，年代距今约8000~4000年。

第一阶段遗存距今8000年左右，以素面筒形罐为代表，与近年来坝上地区四台遗址早期遗存面貌相近，代表一种新的考古学文化。第二阶段遗存距今6500年左右，与后冈一期文化面貌接近，应是该文化经永定河、洋河西进的见证。第三阶段遗存距今5100年左右，文化面貌与海生不浪文化相似。第四阶段遗存距今4000年左右，发现龙山晚期石城一座，文化面貌与永兴店文化相同。该遗址第三、四阶段受河套地区相关考古学文化影响较大。

2020~2021年主要工作围绕龙山晚期石城开展，对石城东南门区域进行了考古发掘。解剖城墙1段，揭露瓮城1座，清理房址2座、灰坑5个、灰沟1条、窑址1座。

城墙依地势而建，墙体宽窄不一，残存高度

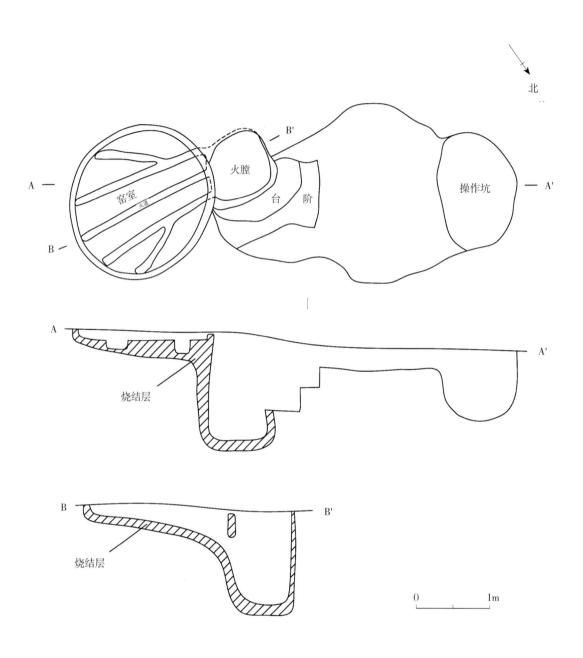

北

A — 窑室 火膛 — A'
台 阶 操作坑
B —

A A'
烧结层

B B'
烧结层

0　　　　　1m

Y1平、剖面图

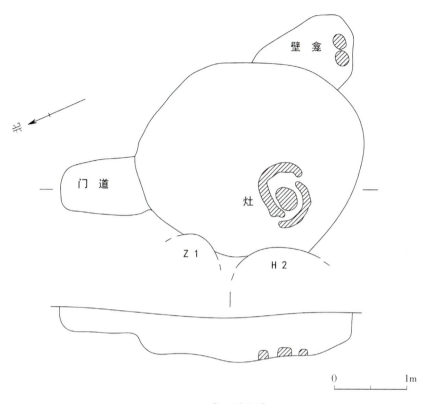

F1 平、剖面图

Y1

H1 出土器物

0.5~2.5米不等，城墙外侧多见倒塌石块。解剖地点位于东城门处，城墙宽约13米，由三部分组成。墙芯为土石结构，不见明显版块；墙芯西侧由三层夯土版块加固，版块平面呈长方形，长2~3米，宽约1~1.5米；东侧为石砌墙，宽约0.8米。

瓮城平面形状近半圆形，面积约1500平方米，由外部斜坡路面、墙体通道、瓮城内部道路构成。其中外侧斜坡路面破坏严重，保存较差，路基厚度仅剩30厘米。墙体通道呈东西向，共5条，由6条墙基分隔而成。中部通道宽约9米，其两侧有对称的2米、3米通道各一条。瓮城内部道路紧邻城墙，踩踏路面明显，向南延伸至发掘区外，再向西拐入城内。路面宽5~8米，路基保存最厚处约1.5米。瓮城基础由夯土版块筑成，保存高度约6米。基础中部由约8~10平方米的大夯土版块筑成，其外围用约2~4平方米的小夯土版块加固，小夯土版块外侧再用石块包砌，外侧砌石多呈倒塌状态，破坏严重。

城内区域发掘房址2座。一座为半地穴式，平面近似圆形，面积约6平方米，门道近北向，中部偏西处有灶，东南角有一壁龛。另一座推测为地面式建筑，仅保留有11个柱洞，平面近长方形，面积约8平方米。城内发现窑址1座，保存较好，由窑室、火膛、操作坑组成。窑室开口呈圆形，有5条火道。火膛为袋状，北部有两级台阶。操作坑东部较浅，西部为椭圆形深坑。灰坑多为椭圆形，大小不一，均为弧壁平底。发现灰沟1条，南北向，弧壁平底，打破城墙。

城内遗迹出土器物较多，多为陶器、骨器、石器、玉器等。陶器以夹砂褐陶为主，绳纹最多，其次为素面、篮纹、附加堆纹等，常见正装鋬手鬲（部分口沿摁压花边）、夹砂绳纹罐、夹砂小罐、敛口瓮、双耳罐、豆、杯、碗等；骨器多为簪、锥、环；石器有斧、石球、石片、镞等；玉器为环、纺轮等。城墙及瓮城内出土遗物不多，可辨器形有鬲、夹砂绳纹罐、双耳罐、敛口瓮等，与城内遗存差别不大。

三、初步认识

邓槽沟梁遗址出土陶器以正装鋬手鬲、夹砂绳纹罐、夹砂小罐、敛口瓮、双耳罐为主，文化面貌与晋、陕、内蒙古交界区域同期遗存相

陶杯　　　　　　　　　　陶垫　　　　　　　　　　石镞

石锛　　　　　　　　　　　　　　　玉环

近，均为龙山晚期遗存。通过对该遗址部分样品进行测年可知，城墙及瓮城的修建年代为距今4100年左右，废弃年代距今约3900年。

目前张家口地区发现的此类遗存较多，桑干河流域有蔚县三关遗址、庄窠遗址、筛子绫罗遗址，洋河流域有宣化贾家营遗址、关子口遗址、白庙遗址、怀来官庄遗址、小古城遗址，清水河流域有崇礼邓槽沟梁遗址、石嘴子遗址、大沟门遗址。除冀西北外，同类遗存还常见于晋、陕、内蒙古交界区域。目前学界对这类遗存的认识还不尽相同，有老虎山文化、老虎山文化永兴店期、永兴店文化、筛子绫罗遗存等多种叫法。以邓槽沟梁遗址目前的发掘情况来看，结合发掘遗迹、出土遗物及测年结果，宜将其归入永兴店文化。

四、遗址价值

该遗址延续时间长，文化面貌丰富，年代距

今8000~4000年，发现有四台文化（前仰韶时期）、后冈一期（仰韶早期）、海生不浪文化（仰韶晚期）、永兴店文化（龙山晚期）等史前考古学文化遗存，是中原文化与北方文化交流、碰撞下的典型聚落。该遗址的深化研究，对构建张家口地区更加详细的史前考古学文化时空框架，推动中原与北方地区考古学文化互动过程的阐释与研究意义重大。

张家口地区地理位置特殊，处于内蒙古高原向华北平原的过渡地带，也是东西方文化交流的重要通道。特殊的山地河谷地形，使其成为史前时期不同考古学文化遗存交汇之地。邓槽沟梁遗址龙山晚期超40万平方米石城的出现，可能意味着它是洋河上游和清水河流域的中心聚落，是永兴店文化控制该区域的重要据点。

邓槽沟梁遗址龙山晚期瓮城建造技术与目前已知的北方石城瓮城存在明显差别。前者瓮城基础采用夯土版筑工艺，现存高度仍有 6 米，而内蒙古后城咀、陕西石峁、山西碧村等瓮城多是平地起建，基础略作平整，由石块砌筑，不见版块夯筑迹象。前者瓮城通道墙基由泥土版筑而成，后者均为石块砌筑。邓槽沟梁遗址瓮城基础及墙基建造技术与北方石城同类设施差异明显。夯土版块建造技术为中原地区城址常见工艺，或是受中原地区影响。该城址是目前已知龙山时期北方石城遗存分布的最东缘区域，为研究北方地区石城的分布范围提供了重要资料。筑城技术既可见北方流行的土石堆筑和砌石技法，也明显带有中原地区常见的版筑技术，为研究南北筑城技术的传播、交流与融合提供了新视角。

■ 撰稿：张文瑞、王刚

ABSTRACT

Between 2020 and 2021, organizations such as the Hebei Provincial Institute of Cultural Relics and Archaeology led excavations of the defensive systems to the southeast of the Dengcaogouliang site in Chongli, Zhangjiakou. A number of remains from late Longshan period, dating 4100 to 4000 BP, were excavated, sharing similarities with remains of the Yongxingdian culture. The excavation made discoveries in the construction methods of the town walls, the structures and entrances of the defensive system, the chronological relationship between the wall and defensive system, and the status of deposits in the site.

甘肃省张家川县 圪垯川遗址

工作单位：甘肃省文物考古研究所

一、工作缘起

为配合 S25 静宁至天水高速公路庄浪至天水段工程建设，甘肃省文物考古研究所对圪垯川遗址进行了考古调查、勘探和发掘工作。本次工作旨在认识圪垯川遗址的内涵与特征、时代及年代、聚落布局与结构等。在此基础上，认识陇西黄土高原地区文化谱系和聚落形态的演变过程，探讨陇山两侧仰韶文化之间的关系和文化交流过程，确认圪垯川遗址所在的陇西黄土高原在早期中国文明起源进程和社会复杂化过程中的地位，并为

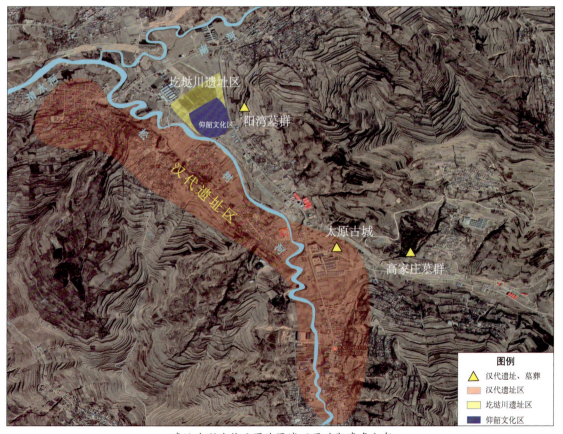

遗址地形地貌及周边区域不同时期遗存分布

黄河国家文化公园建设和华夏文明传承创新区建设提供考古支撑。

2020年3月至4月，对圪垯川遗址进行了勘探，勘探面积81 700平方米，发现各时期遗迹现象共306处。2021年4月至12月，对该遗址进行大规模考古发掘。发掘期间为进一步认识圪垯川遗址仰韶聚落的分布范围及功能分区，再次勘探160 000平方米，共发现各时期遗迹现象213处。发掘结束后，对遗址及周边区域进行大规模的航拍航测，对重点遗迹单位进行了三维扫描采集数据、建模和相关视频的制作。发掘期间，就遗址的价值及本体保护，多次组织专家开展咨询论证，发掘结束后对遗址进行了回填性保护。

二、遗址介绍

圪垯川遗址位于张家川回族自治县大阳镇闫家村东北1500千米处，西距大地湾遗址约15千米，地处清水河支流南河和松树河交汇处，遗址及周边区域为典型黄土高原沟谷地貌。经调查、勘探和发掘确认，圪垯川遗址及其周边区域分布着仰韶文化、齐家文化、汉代和宋明时期的遗存。其中仰韶文化和齐家文化时期聚落位于川内两河交汇的台地上。汉代遗存呈现出居址和墓葬依松树河分布的特征。汉代遗址区主要分布在松树河的西侧，该侧零星发现汉代墓葬，墓葬区主要分布在松树河的东侧，并在东岸较高台地上发现汉代古城一座。遗址所在川内分布着大量宋、明时期的墓葬。

2021年清理仰韶、齐家、汉、宋、明时期遗迹总计950余处。仰韶文化遗迹870处，其中仰韶早期遗迹418处，仰韶中期遗迹350处，仰韶

以大房址F43为中心的成组房址的分布

大型房址 F43

中型房址 F38

晚期遗迹 102 处，另有齐家文化时期遗迹 8 处，汉代遗迹 42 处，宋明时期墓葬 41 座。

1. 仰韶文化遗存

圪垯川遗址仰韶文化遗址区东西长约 400 米，南北宽约 400 米，面积约 16 万平方米，自仰韶早期延续至仰韶晚期。发现仰韶文化早期保存相对完好的史家类型大型环壕聚落。聚落有明显的功能分区，经钻探确认，环壕内为居住区，环壕外东南部疑似有陶窑区，西北部疑似有墓葬区。环壕平面近圆形，南北略长，东西最大宽 250 米，南北最大长 320 米，环壕内面积约 8 万平方米。经解剖发掘确认，环壕为三重环壕，人工挖掘形成，形制规整，局部坍塌，内、中、外三层环壕平行分布，内侧环壕较窄且浅，外侧环壕最宽且深，三层环壕由内向外逐渐加宽加深，壕沟剖面呈"U"形。

环壕中心为广场，周边向心分布着成组的房址。目前环壕内共确认房址 100 余座，已发掘 60 余座。房址的布局以紧靠广场的东、南、北三座大房址为中心（西部破坏严重）成组分布，每组房屋由 1 座大型房屋和 5~45 座不等的中、小型房屋组成，大房屋门道指向广场，中、小型房屋门道大多指向大型房屋或广场。房屋间分布圆形或方形的窖穴，口大底小，袋状，平底，大部分窖穴四壁经黄泥涂抹加工，个别窖穴内发现有埋人的现象。房屋均为方形半地穴式，大部分房址结构保存完整，由门道、墙壁、地面、灶坑、土台、平台、柱洞等组成，房屋地面、墙壁、平台都经过精细的加工，一般下面涂抹细泥，之上有红色和灰黑色烧结硬面。大型房屋面积约 100 平方米，中型房屋约 20~50 平方米，小型房屋约 10~20 平方米。

中心广场发现大型粮仓 1 座，为圆形袋状窖穴，容积近 60 立方米。底部保存深 0.4~0.6 米的炭化粟、黍遗存，经计算至少在 10 立方米左右。粟、黍遗存之下有一层木炭，可能为粮仓底部垫木已炭化。

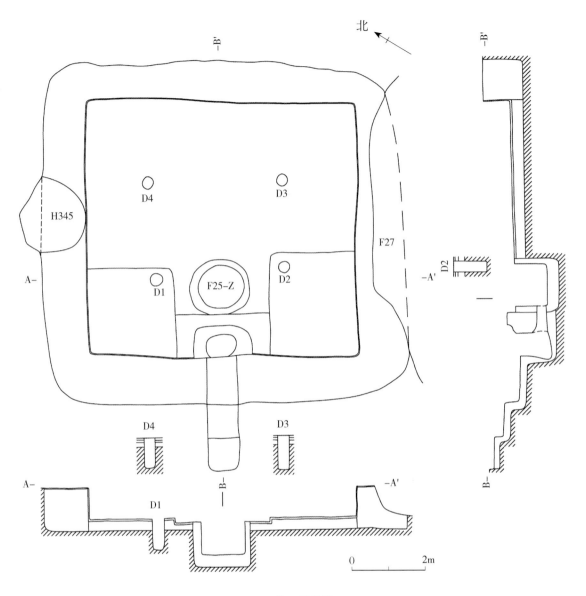

F25 平、剖面图

中心广场西南部集中分布墓葬 20 座,南北向分布。形制为竖穴土坑墓,部分墓葬一侧有侧坑,流行单人仰身直肢葬和二次合葬,随葬品位于侧坑内和人骨周围。少量的瓮棺葬由两个大瓮相扣,瓮内发现少量人骨。墓葬随葬陶器组合为圜底盆、圜底钵、侈口筒腹罐、葫芦瓶、器盖、蚌壳、骨笄、骨环等,个别墓葬随葬完整的猪头骨。

仰韶文化中晚期聚落发现房址、灰坑、灰沟、灶址、活动面、窑址等,打破和破坏严重,聚落内房址的分布和聚落布局不明。仰韶文化中期为庙底沟类型遗存,房屋形制与早期一致,仅个别房屋保存完整,大部分房屋仅存局部墙壁或地面。保存完整的房址一般由地面、墙壁、灶坑、柱洞、门道组成,较大的房址面积约 20~30 平方米,较小的房址面积 10 平方米左右。灰坑一般为方形、

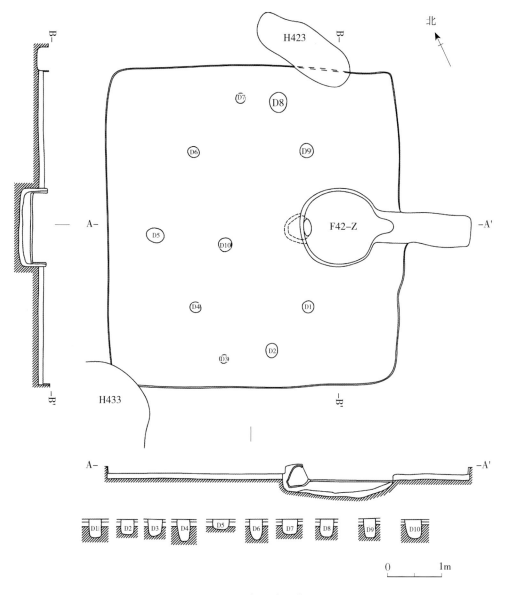

F42 平、剖面图

圆形、不规则形。灶址为圆形的灶坑。窑址破坏严重，仅存圆形的窑底。仰韶文化晚期遗存破坏严重，聚落布局不明。房址仅剩白灰面地面，形制不明。灰坑、灶址、窑址形制与中期遗迹形制一致。

仰韶聚落遗址和墓葬出土遗物包括陶器、石器、骨器、蚌壳等动物遗存、炭化植物遗存等。陶器以泥质红陶和夹砂红陶为主，有少量泥质灰陶。泥质红陶大部分为彩陶，夹砂陶大多饰线纹、绳纹、刻划纹、附加堆纹等。仰韶早期彩陶纹饰以鱼纹最普遍，几何形纹也较常见，由直线、折线和波折线等元素组成；仰韶中期彩陶纹饰基本由圆点、勾叶、弧线三角以及曲线等元素组成富于变化的连续带状图案；仰韶晚期彩陶纹饰以波折纹、宽带纹为主。器形有尖底瓶、平底瓶、葫芦瓶、圆底盆、曲腹盆、平底盆、圆底钵、平底钵、侈口筒腹罐、瓮及器盖等。骨牙器主要为锥、笄、镞、项饰等。玉石器主要包括穿孔石刀、斧、铲、钺、权杖头等。炭化植物遗存以农作物粟、黍为主，从仰韶早期至仰韶晚期粟的比例逐渐增加，黍的比例逐渐降低。动物骨骼主要包括家养动物猪、狗和野生动物鹿、狍等，家养动物比例较低。

2. 齐家文化遗存

齐家文化时期遗存破坏严重，聚落布局不明。仅在表土层和部分扰土坑发现零星的齐家文化遗物。发现部分大型齐家文化时期窖穴，皆为圆形、袋状，上部破坏殆尽，下部打破生土。出土器物主要为双大耳罐、双小耳罐、高领折腹罐、侈口

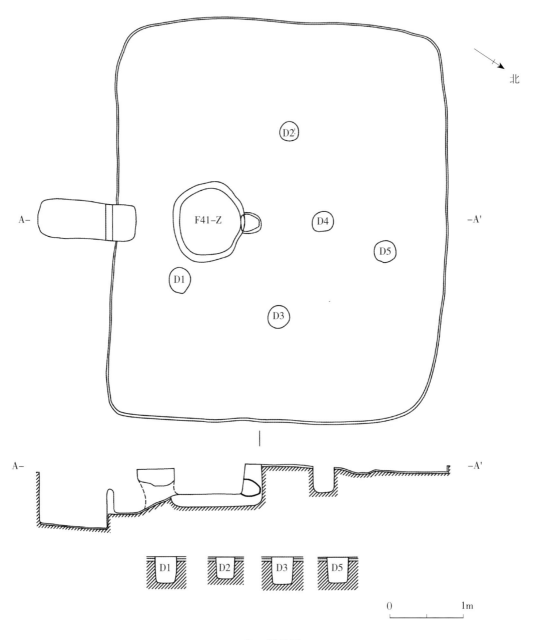

F41 平、剖面图

半坡类型晚期大型粮仓 J10

半坡类型晚期墓葬 M88

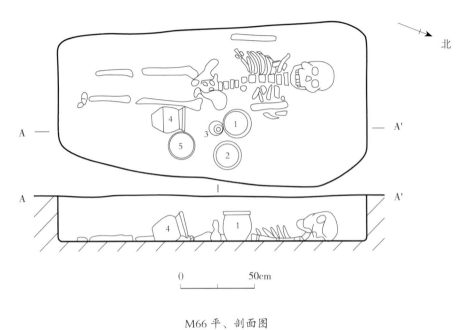

M66 平、剖面图

1. 陶罐　2. 彩陶钵　3. 陶葫芦瓶　4. 陶罐　5. 陶钵

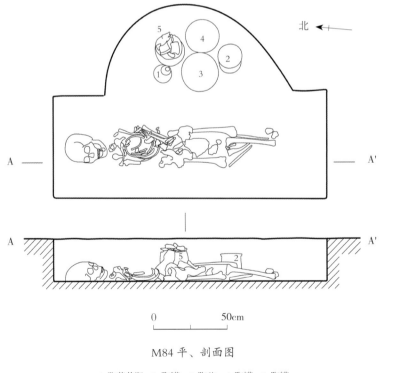

M84 平、剖面图

1. 陶葫芦瓶　2. 陶罐　3. 陶盆　4. 陶罐　5. 陶罐

半坡类型晚期 M70 出土器物组合

半坡类型晚期 H408
出土尖底罐

半坡类型晚期 F40
出土尖底瓶

半坡类型晚期 F37
出土葫芦瓶

半坡类型晚期 F15
出土鱼纹陶盆

庙底沟类型时期 T0508 ②
出土石钺

半坡类型晚期 F78
出土玉权杖头

鼓腹罐、小口壶等。

3. 历史时期遗存

屹坮川仰韶聚落及周边 5 平方千米的范围内分布着历史时期遗存。屹坮川仰韶时期的聚落被汉、宋、明代墓葬打破。汉墓以大型砖室墓为主，个别为土洞墓，2~3 座成组分布，判断为不同家族墓地组成的大型公共墓地。部分成组墓葬外有壕沟。个别大墓结构复杂，由前室、后室、耳室组成，墓葬之上发现建筑遗迹。宋墓为竖穴墓道偏洞室墓或竖穴直洞室墓，4~10 座成组分布，判断为不同家族墓地组成的大型公共墓地。明墓主要为竖穴直洞室墓，流行火葬，大部分棺内为烧骨。汉代墓葬出土灰 / 釉陶器组合，包括壶、罐、灶、盆、灯、博山炉、盘、耳杯等，还有少量的铜器、玉器。汉代遗址区有房址、灰坑、陶窑等，出土了大量筒瓦、板瓦和瓦当等。宋代墓葬出土少量的瓷、陶器等，陶器主要为罐、盆等，瓷器主要为碗、罐、盘等。

三、初步认识

屹坮川遗址发掘以聚落考古的理念开展考古工作，并积极开展多学科合作研究，揭示了仰韶文化时期人群及社会发展过程。发掘确认，屹坮川遗址是一处以仰韶文化为主体的大型聚落遗址，其中仰韶文化聚落经历了仰韶早、中、晚三个发展阶段。仰韶文化早期史家类型环壕聚落面积约 8 万平方米，由居址区、墓葬区和制陶区组成，居址区内由环壕、成组房址、中心广场组成。成组分布的房址布局颇有规律，可以反映当时的社会组织结构。根据出土的典型器物及碳十四测年判断，仰韶文化聚落绝对年代为距今 6100~4900 年。屹坮川仰韶先民以粟、黍等农业种植为主，家畜饲养占有一定比重，并进行着一定的狩猎采集；聚落人群从事陶器烧制及石器、骨器等加工生产。该聚落与陇山两侧区域有着频繁的交流和互动。

屹坮川遗址是目前黄河流域发现的保存最完整、内涵最丰富的仰韶文化早期聚落之一，是陇西黄土高原继大地湾遗址之后又一重要考古发现，代表了仰韶文化发展过程中的一个关键时期，证实本区域与关中、中原地区一样，是仰韶文化

汉代墓葬 M2 出土釉陶器物组合

宋代墓葬出土瓷器

的又一中心，在中华文明起源过程中具有极为重要的地位。

史家类型大型粮仓及保存的粟、黍遗存，为研究仰韶文化早期人群农业种植、农作物加工储藏技术、生业经济提供了实物资料，为探讨仰韶早期中国北方地区粟、黍农业的建立以及对社会发展产生的影响提供了重要线索。

圪垯川遗址出土了代表权力和威仪的玉石权杖头和大型钺，这对认识圪垯川仰韶文化早中期社会组织结构、社会复杂化进程具有重要的意义。

圪垯川遗址周边汉代遗存以大型城址为中心，遗址和墓葬群依河分布。发现了成组的大型砖室墓，且个别大型汉墓有壕沟和墓上建筑。历史文献记载，汉代凉州刺史部治所位于陇县（即今张家川县），此处发现汉代城址、高等级墓葬、大型筒瓦、板瓦等，推测圪垯川遗址所在的大阳镇一带可能是汉代凉州刺史部治所所在地。

■ 撰稿：陈国科、杨谊时、冯维伟

ABSTRACT

The Gedachuan site is located in Zhangjiachuan Hui Autonomous County, Gansu Province. The Gansu Provincial Institute of Cultural Relics and Archaeology conducted a series of extensive archaeological investigation, survey, and excavation at the Gedachuan site in 2022. A total of around 950 remains of different cultural periods, including Yangshao, Qijia, Han, Song, and Ming periods, were cleaned. The settlement area of the Yangshao culture was about 160,000 square meters, ranging from the early to late Yangshao period. Large trenched dwellings characterized by the Shijia type of early Yangshao were well-preserved. They consist of a dwelling area, a burial area, and a pottery-making area. The dwelling area includes the square in the middle, groups of houses distributed centripetally, and circular trenches. It is speculated that the pottery-making area and buried areas were distributed in the southeast and northwest of the circular trenches respectively. The Gedachuan site is one of the most well-preserved and comprehensive settlements of early Yangshao culture, which represents a critical stage in the development of Yangshao. This excavation verifies that the western Loess Plateau, where the Gedachuan site is located, played an important role in the origin of Chinese civilization.

甘肃省庆阳市南佐遗址

工作单位：甘肃省文物考古研究所、中国人民大学、西北工业大学、兰州大学

一、工作缘起

南佐遗址于 1958 年调查时被发现，当时被称为南佐疙瘩渠仰韶文化遗址。1981 年确立为省级文物保护单位，2001 年被列为第五批全国重点

文物保护单位，改称南佐遗址。

1984~1996 年，甘肃省文物考古研究所和北京大学等先后对遗址进行了两个阶段 6 次考古发掘，发现了较为丰富的仰韶文化晚期遗存，其中

大型夯土建筑区

最重要的发现是大型夯土墙宫殿式建筑 F1。F1 位于 9 座大型长方形夯土台所围成的遗址核心区的中间北部，主要由"前厅"和"殿堂"两部分构成，室内面积约 630 平方米，占地面积约 800 平方米，地面有直径约 3.2 米的大型火坛。2014 年和 2020 年，甘肃省文物考古研究所对南佐遗址进行重点勘探，在 9 座夯土台外侧发现相邻的两重环壕，在内侧核心区 F1 周围发现大面积建筑遗存。

为厘清黄土高原尤其是陇东地区的文明化进程，客观认识其在中华文明起源进程中的地位，经国家文物局批准，2021 年 6~10 月，由甘肃省文物考古研究所、中国人民大学、西北工业大学、兰州大学等单位组成的联合考古队，对南佐遗址展开第三阶段的第一次考古发掘工作，同时对遗址整体进行调查勘探，对周边地区遗址点进行调查。

二、遗址介绍

南佐遗址位于甘肃省庆阳市西峰区后官寨镇南佐行政村及附近区域，坐落于泾河一级支流蒲河左岸的董志塬西部，海拔高约 1300~1400 米。2021 年的发掘分为大型夯土建筑区和一号夯土台两个区域。

大型夯土建筑区重新揭露了 F1 "前厅"的东、西墙局部，同时在 F1 的东侧和南侧新发现夯土墙房屋建筑 6 座、灰坑 22 座、河流形遗迹 1 处。根据碳十四测年结果，大型夯土建筑区的年代距今约 5200~4600 年，整体上属于仰韶文化晚期至庙底沟二期早段。

F1 前室东、西墙为夯土墙，墙体宽约 1.5 米，两墙之间室内东西宽约 18 米，夯土墙内、外侧均有附壁柱，墙体现保存高度 2 米以上。地面和墙体表面均先涂抹草拌泥，再涂抹白灰面，白灰面有多层结构，反映了长时间使用和反复修缮的过程。在"前厅"的白灰地面上发现成排的柱洞。

F1 东侧的 F3、F5、F6 为联排式夯土墙建筑，

F1 "前厅"地面以及停止使用后的版筑夯填剖面

F3 版筑夯填土的夯窝痕迹

河流形遗迹

与 F1 大体同时，共同构成一组建筑组群。单间室内面积约 20~30 平方米，房屋之间有通道与走廊相连。地面和墙壁也涂抹草拌泥和白灰面，夯土墙内侧也有附壁柱。F5 地面还发现直径约 1.2 米的火坛。F1 以及东侧的 F3、F5、F6 等夯土建

筑停用以后用版筑法夯土填实，能清楚看到夯窝及版筑痕迹，尤其是 F1 废弃后前室用黑褐色与浅黄色土相间夯填，坚实规整。

F2 位于 F1 东侧，应为 F1 等大型夯土建筑停止使用而夯填时预留的祭祀仪式性空间。该空

白色附加堆纹小陶罐

带塞盖的小口平底陶瓶

2021QNF2 出土部分遗物

间面积约 60 平方米，地面烧成青灰色硬面，东侧有一排南北向的柱洞，地面摆放有大型彩陶罐等器物。F2 内有多层堆积，包含大量特殊的陶器、石器、动物骨骼、炭化水稻、红烧土等。F1 与F2 之间的空间多次堆填，堆积内包含大量的炭化水稻和烧土颗粒，在底部地面上还发现一处河流形遗迹。

F1 的南侧夯土回填之后，在上面还修建了F4 和 F7 等联排式建筑。墙体也为夯土墙，墙宽1~1.2 米，墙体外侧有料姜石铺垫的散水面，室内地面也铺一层料姜石。由于靠近地表，破坏严重，总体面貌不清。

1 号夯土台位于大型夯土建筑区西南方向，现存平面近长方形，南北长约 40 米，宽约 22 米，残高约 2~3 米。通过在其西侧进行解剖发掘，发现夯土台底部是用黑土和黄土交替夯垫，上部用版筑法夯筑而成。夯土台西侧壕沟局部宽约 20

米、深约 10 米，壕沟南部和底部以 2～4 米厚的夯土加固形成护壁（北侧尚未发掘），以防流水对自然黄土沟壁的破坏。壕沟紧贴 1 号夯土台西侧底部边缘修建，表明壕沟的修建年代与 1 号夯土台大体同时。壕沟内发现的陶片均属于仰韶文化晚期至庙底沟二期早期，碳十四测年距今约4850~4500 年。表明夯土台、壕沟与大型夯土建筑区的年代大体同时。

通过对夯土台外围更大范围内的调查和勘探，在核心区外围东、南、北三面约 1000 米处还发现沟渠"外环壕"的遗迹，西面目前尚未确认，调查显示"外环壕"范围内地表都能采集到仰韶文化晚期至庙底沟二期早期的陶片，面积约为 600 万平方米。除此之外，还在南佐遗址周围调查发现几处同时期的大中型聚落遗址。

此次在宫殿区发掘出土了大量比较特殊的陶

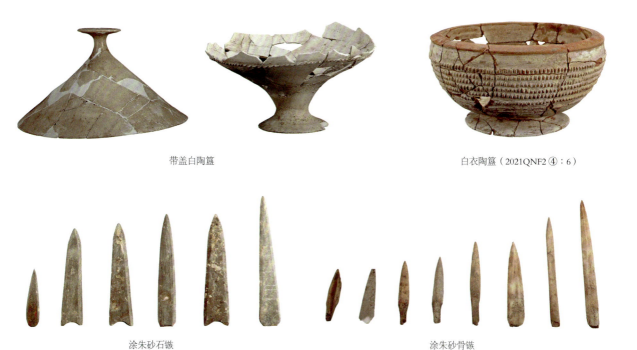

带盖白陶簋　　　　　　　　　　　　　白衣陶簋（2021QNF2 ④：6）

涂朱砂石镞　　　　　　　　　　　　　涂朱砂骨镞

2021QNF2 出土部分遗物

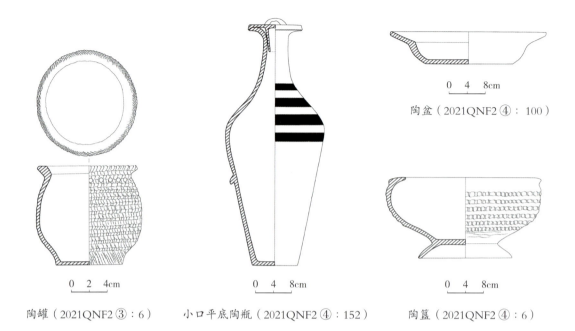

陶罐（2021QNF2③：6）　　　小口平底陶瓶（2021QNF2④：152）　　　陶簋（2021QNF2④：6）

陶盆（2021QNF2④：100）

大型彩陶罐（2021QNF2④：99）

器、石器、骨器、动植物遗存等，大部分出土于F2内，当与祭祀等特殊仪式活动有关。

陶器中有数百件箍白色附加堆纹的小罐，这类小罐器形、纹饰相似，但大小不一，可能配套使用。发现至少8件大小接近的带塞盖的小口平底瓶，肩部有黑色条带装饰，可能有礼器性质。1件精美的白陶带盖簋在黄河中游地区前所未见。1件高近70厘米的大型彩陶罐也很罕见。此外还有涂白衣的陶簋、陶圜底缸、涂白衣或彩陶双腹盘、白彩陶抄等特殊器物。还有较多朱砂彩绘陶和少量彩绘黑陶残片。

F2填土中磨制石镞和骨镞的数量较多，表面都有涂朱砂的痕迹，可能类似于后世周天子赏赐诸侯的"彤矢"。另外还有骨笄、玉料、石圭形器、绿松石片等。发现大量炭化水稻以及较多家猪骨骼和鹿角。

三、结语

从初步调查和发掘情况看，南佐仰韶文化晚期环壕聚落遗址总面积大约 600 万平方米（包括后来侵蚀形成的冲沟等），仅大型夯土台围绕的核心区就有约 30 万平方米，是距今 5000 年左右最大的聚落遗址之一。大型夯土墙建筑 F1 仅室内部分就达 630 平方米，体量规模在同时期无出其右者，应当属于宫殿建筑。9 个大型夯土台对称分布且位于聚落中央，大型建筑区位于九台北部中央，大型建筑 F1 位于大型建筑区中央，其布局之严整前所未见。9 个大型夯土台和大型建筑的庞大体量、台外壕沟和夯护设施之巨大规模，也都前所未见。大型夯土建筑区东侧祭祀区域的成组陶器、石器等具有明显的礼器性质。凡此都体现出强大的社会公共权力的存在，说明南佐遗址是一处以仰韶文化晚期遗存为主体的大型都邑聚落。

南佐遗址的发现表明，距今 5000 年前后陇东地区已经进入早期国家或文明社会阶段，成为早期中华文明的核心组成部分。南佐的考古工作对于客观认识黄河上、中游和黄土高原尤其是陇东地区在中华文明起源和形成过程中的关键地位，对于实证中华五千年文明史，都具有极为重要的意义。

■ 撰稿：韩建业、李小龙、张小宁、徐紫瑾

ABSTRACT

The Nanzuo site is located near Nanzuo village, Xifeng district, Qingyang, Gansu Province. This site is believed to have been a large-scale town dating to the Late Yangshao period, covering a total area of 6 million square meters. A central palace area of roughly 300,000 square meters was found in the middle of the site, surrounded by nine rammed earth platforms. The main palace was constructed with rammed walls. Multiple ring-shaped trenches surrounded the town, the "nine rammed platforms", and the palace area. The findings of the Nanzuo site suggest that the Eastern Gansu region had already progressed into stages of early state or civilized society by around 5,000 BP, which has great significance in supporting the 5000-year history of Chinese civilization.

广东省英德市 岩山寨遗址

工作单位：广东省文物考古研究院、北京大学考古文博学院、清远市博物馆、英德市博物馆

一、工作缘起

岩山寨遗址位于广东省英德市青塘镇榄村，地处北江支流滃江中游、粤北山地区与珠江三角洲之间的过渡地带。青塘镇一带喀斯特地貌发育，形成开阔的溶蚀谷地，有多座石灰岩孤峰，其间分布较多地势低缓的台地。岩山寨为青塘镇南部一座相对高度约40米的石灰岩孤峰，其山体四面发育有10余个大小各异的溶洞，坡面陡直，顶部相对平坦。岩山寨遗址西侧为相对陡峭的山体，北、东、南三侧为河谷台地，西南侧为岩下水库，青塘河支流马鞍水于遗址南侧自西南向东北流经。

2017年，在青塘遗址周边进行旧石器时代遗存调查时发现该遗址，在岩山寨山山体顶部、坡面、数个石灰岩溶洞内皆发现大量先秦时期文化遗物。经过2018~2021年的勘探工作，确认岩山寨遗址是由分布于不同地貌部位的多个地点组成的大型遗址，是广东境内目前唯一在石灰岩孤峰顶部、山体溶洞及外围台地皆有遗存分布的先秦聚落遗址。岩山寨遗址规模宏大、内涵复杂，是继曲江石峡遗址之后，在北江流域发现的又一处遗存丰富的大型先秦聚落遗址，且地处关键的地理位置，因此该遗址具有极为重要的学术价值和研究潜力。

为完善广东先秦考古学文化谱系，推进岭南早期社会文明化进程、稻作农业传播等课题研究，广东省文物考古研究院将其作为重点课题，同时也是与北京大学考古文博学院共建"广东史前考古教学科研基地"的合作项目，向国家文物局申请开展持续的主动性考古工作。岩山寨遗址考古项目按照聚落考古的理念与方法制定中长期项目规划，采用调查、勘探与发掘相结合的方式，积极引入多学科技术与手段，发掘过程中提取了大量包括年代、人骨、植物、土壤、玉器等在内的多学科检测样品。

二、遗址概况

岩山寨遗址由顶部的石岭地点与岩背、石尾头、柯树下、晒谷坪等露天台地地点和望北岩、寨顶岩、阿公岩、大岩、小岩等洞穴地点组成。2019~2021年，经国家文物局批准，分别在石岭、望北岩与岩背地点进行考古发掘，揭露面积1500平方米，清理出墓葬、灰坑、灰沟、柱洞、火塘与烧土等重要遗迹，出土陶器、磨制石器、玉器、青铜器、人骨及植物遗存等各类文物标本1800余件。

2019年对石岭地点与望北岩地点进行发掘。

岩山寨遗址地貌

石岭地点位于岩山寨山体顶部平台，发现新石器时代晚期墓葬 3 座与大量灰坑、柱洞等遗迹，该地点应当同时存在居住和丧葬活动。望北岩地点是一处位于岩山寨北坡中部的狭小洞穴，在洞穴空间内出土了数量庞大、个体较大的陶器群，表明在遗址内活动的人群具有相当规模。望北岩地点出土陶器基本涵盖遗址早晚不同阶段，可分四个时期，分别是石峡遗址一期、石峡文化时期、夏商时期及两周时期，由此初步建立起遗址的年代框架。

2020~2021 年，对位于岩山寨西侧台地的岩背地点进行勘探与发掘，确认其为遗址内集中分布的墓葬区。岩背墓葬区面积超过 4000 平方米，揭露面积 1000 平方米，清理新石器时代晚期墓葬 76 座、灰坑 102 个，另有灰沟、柱洞、烧土

遗迹等重要遗迹单位。

岩背墓葬区内部有明确的分区规划，可分为相对独立的南、北两区。墓葬多为长方形竖穴土坑墓，墓向多为东西向，可分为一次葬、二次葬和迁出葬。一次葬随葬器物较少，有保存较完整的陶器；二次葬多见烘烤墓壁及底部积炭的葬俗；迁出葬仅余少量残碎器物或无随葬品，大部分无烘烤墓壁现象。南区墓葬数量较多，分布密集，排列有序，墓葬规模较大，随葬品丰富，为高等级墓葬分布区；北区墓葬数量较少，排列分散，随葬器物相对较少，仅见零星陶器或石器，个别墓葬无随葬品。墓葬区内高等级墓葬普遍随葬玉器，其中 M16 随葬品超过 140 件，包括 5 件玉钺与 2 件玉环，石镞有 70 余件，M26 则同时随葬玉琮与玉钺。随葬陶器组合以圈足盘、鼎、豆、

岩山寨遗址石岭地点发掘区

望北岩地点与寨顶岩地点

壶、釜、罐为主，石器有镞、钺、锛、镬、矛和砺石等，玉器有琮、钺、环、玦、璧、锛、锥形器、弧形玉片及圭形器等，又以玉钺为最大宗。岩背墓葬区的墓葬形制、丧葬礼俗及随葬器物组合都具有显著的石峡文化特征。

此外，少数墓葬保存有岭南同类遗址中极为罕见的木质葬具残痕与人骨遗存。另发现较多炭化植物种子、果核、竹、木等植物类遗存，炭化植物种子以稻米为主，为岭南地区史前稻作农业研究提供了新材料。

为了更全面地获取关于葬制葬俗尤其是二次葬的考古学信息，我们对 M43、M46 等重点墓葬进行全过程解剖清理和多层级三维数据采集，在田野工作中提取到丰富的有关丧葬习俗的信息，复原了墓葬的埋葬过程，明确二次葬墓葬中关于一、二次葬器物的区分原则。本次发掘是在朱非素等前辈学者于 20 世纪发掘石峡遗址辨识

M16

M26

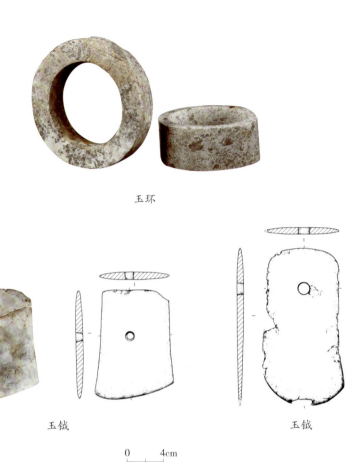

玉环

玉钺   玉钺

0   4cm

M16 出土器物

M16 出土陶器

M2 出土陶器

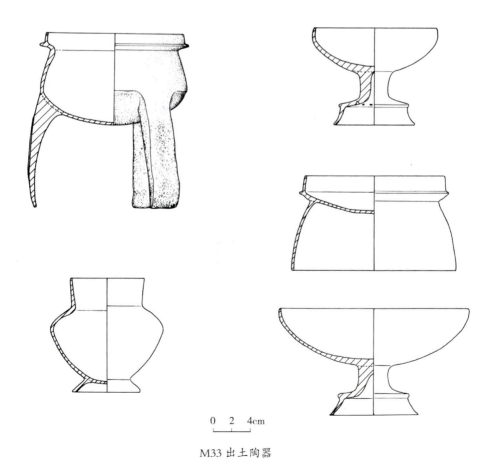

0 2 4cm

M33 出土陶器

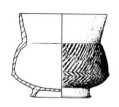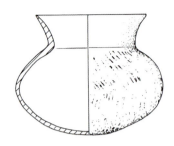

0 2 4cm

M27 出土陶器

出二次葬的基础上，对石峡文化的葬制葬俗有了更新、更全面的认识。

三、主要认识

岩山寨遗址面积约 10 万平方米，由分布于多个不同地貌部位、不同性质的地点（功能区）组成，如岩背地点是遗址内一处集中的墓葬区，顶部的石岭地点同时存在居住和丧葬活动，而洞穴地点可能具有特殊功能，遗址表现出较为独特的聚落形态特征。

岩山寨遗址整体年代由新石器时代延续至东周时期，由早至晚初步可分为四个时期，分别为石峡遗址一期、石峡文化时期、夏商时期

炭化稻遗存

以及两周时期，其中又以石峡文化时期遗存最为丰富。

岩背地点是广东境内曲江石峡遗址之外又一处石峡文化高等级墓地。墓葬区面积超过 4000 平方米，内部有明确的分区、分组规划，墓葬形制、随葬器物组合与丧葬习俗都具有明显的石峡文化特征，墓葬之间表现出鲜明的等级差异，高等级墓葬普遍随葬玉器，流行二次葬习俗。

遗址地处岭南腹地，其文化遗存除了粤北本地考古学文化，还可见来自粤东、珠江三角洲、粤西桂东以及岭北长江中游与环太湖地区等不同地域的考古学文化因素，反映出岭南内部乃至华南地区不同区域早期人群交流互动的广泛性。

四、学术价值

岩山寨遗址是岭南地区迄今发现规模最大的新石器时代至商周时期中心聚落遗址，对深入研究岭南地区先秦聚落形态演变、早期社会复杂化进程具有重要意义。

岩背墓葬区是石峡遗址发现 50 年后在广东境内发现的又一处新石器时代晚期高等级墓地，有助于进一步探讨本地区该时期葬制葬俗、石峡文化的传播、石峡文化与良渚文化的关系等问题。

岩山寨遗址的考古发现为环南岭地带及周边

M16 出土石镞

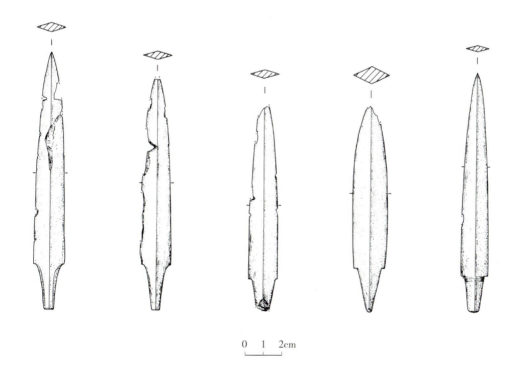

0   1   2cm

M33 出土石镞

地区的早期人群互动与文化交流、史前中国南部的高等级社会关系网络、稻作农业的早期传播等课题提供了极为重要的新材料。

该项目是广东首次明确按照聚落考古理念对大型聚落遗址进行的长期主动性考古工作，填补了岭南地区文明起源阶段聚落考古的空白，将掀开岭南史前文化与社会研究的新篇章。

■ 撰稿：刘锁强、秦岭、唐博豪、景雅琴、黄韵诗、吴平贞、刘建文

ABSTRACT

The Yanshanzhai site in Yingde City was discovered in 2017. The site covers an area of about 100,000 square meters, and consists of numerous locations with different topography and properties. From 2019 to 2021, archaeological excavation was carried out in the Shiling, Wangbeiyan and Yanbei areas, uncovering an area of 1,500 square meters. Many important remains such as tombs, ash pits, pillar holes and burned relics were revealed, and more than 1,800 relics were unearthed. Yanshanzhai is the largest central settlement site from the Neolithic period to the Shang and Zhou periods discovered to date in the Lingnan region. Among the excavated cultural remains, those of the Shixia culture in the late Neolithic age are the most abundant.

陕西省西安市
江村大墓

工作单位：陕西省考古研究院　西安市文物保护考古研究院

近年来，考古单位在霸陵陵区多次进行考古调查、勘探、试掘等工作，确认"凤凰嘴"并无陵墓遗存，后在窦皇后陵西侧发现了江村大墓、外藏坑、建筑遗址、陪葬墓，探明并试掘验证了围合江村大墓与窦皇后陵的大陵园墙址等重要遗迹，确定了江村大墓即为汉文帝霸陵，又先后发掘了江村大墓外藏坑、薄太后南陵外藏坑、栗家村汉墓等遗存，出土各类文物4000余件，取得了丰硕成果。

一、工作缘起

霸陵是西汉第三代皇帝——汉文帝与窦皇后合葬陵墓，位于西安市东郊的白鹿原上。陵区包括世传的"凤凰嘴"、窦皇后陵、江村大墓、薄太后南陵四处遗址，分布总面积约25平方千米。

2014年以来，霸陵陵区文物多次遭到不法分

白鹿原西部地形图

子盗掘，鉴于霸陵的重要性及面临的安全形势，2017年年初，陕西省考古研究院与西安市文物保护考古研究院联合组成汉陵考古队，报请国家和省文物主管部门同意，开始对江村大墓、薄太后南陵被盗外藏坑进行抢救性考古发掘；同时结合西汉帝陵大遗址研究，对相关区域进行全面系统的综合考古工作。至2021年年底，共发掘外藏坑11座、动物殉葬坑30余座，出土各类文物4000余件。

二、工作概况

（一）考古勘探与调查

汉文帝陵世传位于"凤凰嘴"，我们采用考古勘探、地质探测等多种技术手段，多次对其进行了大范围的细致探查。结果表明，"凤凰嘴"区域地形复杂，地层为多次山体滑坡形成的自然堆积，除"凤凰嘴"下的10余通明、清碑石外，并未发现汉代陵墓遗存。

随即我们对北距"凤凰嘴"2000多米的窦皇后陵进行了考古勘探。窦皇后陵现存"覆斗状"封土，高28米，墓葬形制为"亚"字形，其中东墓道最长，勘探长度77米，宽6～23米。墓室因上压封土，勘探困难，情况不详。窦皇后陵封土外围分布有10多座外藏坑，平面呈长条形，

最长者54米，短者仅5.2米，宽度多在4米左右。此外，窦皇后陵四面有夯墙遗址，中间位置为门址，西北角有一处夯土基址。

2006～2009年，西安市文物保护考古研究所在霸陵陵区进行抢救性勘探和试掘，在窦皇后陵西侧约800米处发现了一座大墓（即江村大墓），以及外围的陪葬坑和陵园设施等。2011～2013年，以此为线索，我们重点复核、勘探了江村大墓及外围区域。结果表明，大墓平面呈"亚"字形，地表无封土，墓室边长73米，深30余米，东墓道最长，约135米，南北宽约10～40米。墓室四周有114座外藏坑，平面形制多为长条形，长4～90米，宽5米左右，深5～9米。其西南角垫土层下发现的38座小型外藏坑，长度多在2～3米，宽1～2米，深8～10米。江村大墓外围有卵石平砌的"石围界"，复原长度423米，宽1.3～1.5米，石围界四面正中外侧有门址。此外，在江村大墓、窦皇后陵外围还发现了夯墙遗址，现存墙址东西残长1206米，南北宽863米，墙宽约3.5米，应为江村大墓和窦皇后陵的外陵园墙。

在外陵园以内、江村大墓东西两侧发现两组外藏坑，东侧为14排22座，西侧仅有1座；其

"凤凰嘴"外景

江村大墓北侧的石围界（南—北）

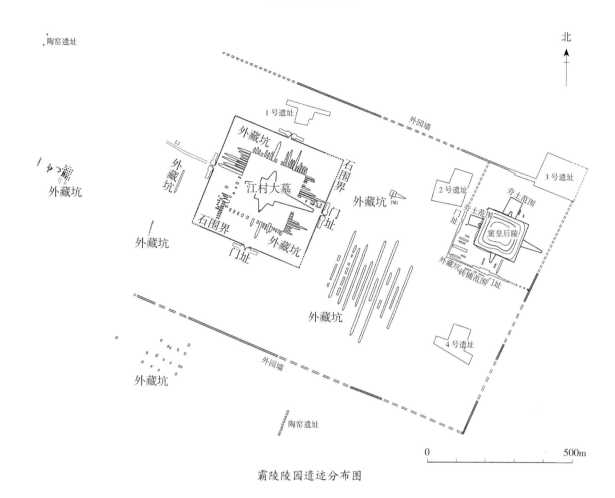

霸陵陵园遗迹分布图

北侧发现建筑遗址 1 处；窦皇后陵周边有 3 处。在江村大墓和窦皇后陵之间发现一座"甲"字形墓葬，通长 54 米，墓室边长 19 米，深 13 米。

除此之外，我们还在外陵园西、南两侧各探明小型外藏坑一组，坑体长 2 ~ 8 米，宽 1 ~ 6 米，深 2 ~ 8 米。在江村大墓西北约 500 ~ 1000 米区域内发现陶窑遗址 40 多处。

勘探成果表明，霸陵陪葬墓主要位于江村大墓西、北 3000 ~ 4000 米的区域，共发现 3 组 20 多座陪葬墓。这些墓葬平面形制均为"甲"字形，墓葬长 36 ~ 64 米，墓室边长在 11 ~ 20 米之间，深 11.5 ~ 17.3 米。

（二）考古发掘

1. 陶窑

2017 ~ 2018 年，我们对江村大墓西侧 1600 米处的 17 座陶窑遗址进行了考古发掘。这批陶窑可分为 6 组，一般 2 ~ 5 座共用一个操作间。操作间南北长 5 ~ 13 米，宽 4 米左右。陶窑由火门、火膛、窑室、烟囱构成，通长 5 米左右，宽 0.8 ~ 3 米。遗址内清理出土大量汉代板瓦、筒瓦、瓦当、几何纹方砖、陶水管、陶器等文物。根据位置及出土外绳纹、内麻点纹筒瓦以及云纹瓦当等遗物时代判断，这批陶窑应为霸陵营建烧制建筑材料的作坊遗址。

2. 江村大墓外藏坑

2017 年以来，我们发掘了江村大墓的两类 8 座外藏坑。位于西南角的两座小型外藏坑（编号 K29、K32）开口位于垫土层之下，形制为长方形竖穴土圹，长 3.5 米，宽 2 米，深 7.5 ~ 9 米，出土马骨 1 具，以及塑衣陶俑、陶盆、陶罐等各

汉代陶窑遗址发掘现场

K32 出土马骨（北—南）

K38 椁室正俯视照（上为西）

K27 三维正射影像图

K15 出土的着衣式陶俑（南—北）

1件。其余外藏坑均开口于垫土层之上，形制为带斜坡道的竖穴土圹，长度在 6.5 ~ 72 米之间，宽 3 ~ 6 米，深 6 ~ 9 米不等。坑壁两侧有"之"字形台阶，底部残存木椁遗迹，木椁内出土着衣式陶俑（个别戴有刑具）、陶器、铁器、铜器，以及漆木器遗迹等。外藏坑中还清理出"中司空印""中司空丞""山官""仓印""厩廥"等明器官印多枚。

霸陵外藏坑出土铜齿轮、构件及滴漏

霸陵外藏坑出土明器铜印

 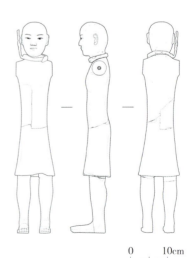

0　　　10cm

霸陵外藏坑出土的刑徒俑

栗家村汉墓 M1 椁室出土文物（东—西）

3. 陪葬墓

2018～2019 年，为配合基本建设，我们发掘了江村大墓西南约 3900 米处的栗家村汉墓群，其中 4 座"甲"字形大墓为竖穴木椁结构，最大者全长 54 米，墓室边长 18～20 米，深 16 米。该墓虽被盗严重，但清理出土玉衣片 2000 多枚，以及乐舞俑、陶编钟、编磬、"襄城家"铜铜等珍贵文物 200 余件。

（三）南陵考古

1. 考古勘探

薄太后南陵位于灞桥区狄寨街道鲍旗寨村西北，北距江村大墓约 2000 米。勘探发现，南陵的墓室向东偏离封土，墓葬平面呈"亞"字形，东墓道最长，为 148 米，宽 11～52 米。墓室边长 75 米，封土高 25 米。封土周围有 20 座外藏坑。墓室东、北侧有 3 处建筑遗址。在封土西北约 200 米处发现 380 余座小型外藏坑。南陵外围也发现了石围界，距封土约 250 米，边长 600 米，宽约 2 米。

2. 考古发掘

南陵发掘了封土西侧 3 座外藏坑，为带斜坡道的长条形竖穴形制，长度在 21～42 米之间，宽 3～6 米，深 6～7 米不等。坑壁两侧有"之"字形台阶，底部有木椁遗迹。其中 1 号坑（K1）出土塑衣彩绘陶俑 160 余件，金、银、铜制车马器 200 余件，陶罐、铁釜、铜环等文物百余件。另外，还出土"长信厩印""长信厩丞"等铜印、封泥多枚。2 号坑（K2）仅发掘东半部分 20 米，清理出土原大木车

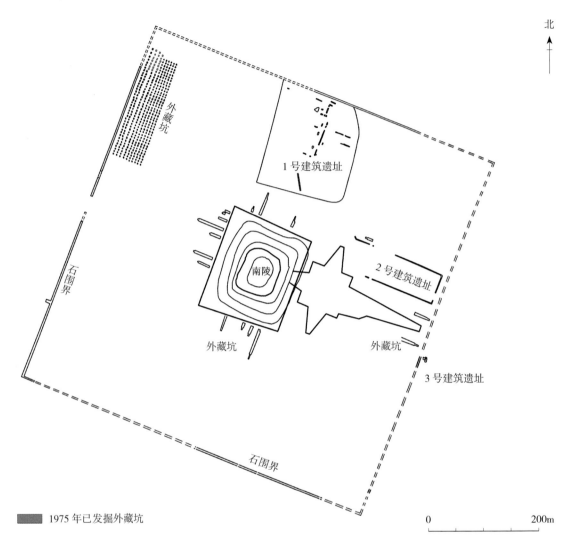

南陵陵园文物遗迹分布图

遗迹两处，原大铜制车马器上百件。从木车遗迹和车马器摆放的情况来看，推测至少放置 3 ~ 4 辆木车。3 号坑（K3）因遭严重盗掘，仅出土 10 多件塑衣彩绘陶俑及少量车马器。其坑口南侧发现一条砖铺道路，残长 19 米，宽 1.5 米。

南陵西北的动物殉葬坑共发掘 39 座，均为竖穴土圹形制，椁具主要为砖栏、陶棺，出土有猕猴、金丝猴、陆龟、丹顶鹤等动物骨骸，以及塑衣式陶俑、陶罐等文物。

三、结语

汉代文献记载，汉文帝逝后"葬霸陵"，但未提及霸陵的具体位置。直至北魏郦道元《水经注》记载，霸陵在灞水西岸的白鹿原上，此观点一直延续至唐宋时期。元代学者骆天骧《类编长安志》记载："'文帝霸陵'在京兆通化门东四十里白鹿原北凤凰嘴下。"后世沿袭此说，至清代毕沅在"凤凰嘴"下刊石正名。本次考古工作采用多种技术手段，多次探测"凤凰嘴"，均

南陵 K1 出土彩绘塑衣陶俑（东—西）

南陵 K1 出土陶器、铁釜等文物（南—北）

南陵 K1 出土金饰

南陵 K1 出土银器

南陵 K2 清理的原大木车遗迹（南—北）

未发现汉代陵墓遗存。但在白鹿原上、窦皇后陵西侧发现的江村大墓及其周边遗迹，形成了一个较为完整的陵区，与汉高祖长陵、汉景帝阳陵等形制要素相近，平面布局相似，整体规模相当，并有显而易见的发展演变轨迹。结合文献记载，可以确认江村大墓即为汉文帝霸陵。

本次考古工作否定了"凤凰嘴"为汉文帝霸陵的传统认识，确定了霸陵的准确位置，解决了西汉十一陵的名位问题。包括汉文帝霸陵在内的西汉帝陵规模、形制、布局及内涵的基本掌握，为西汉帝陵制度形成、发展、演变的研究提供了翔实的考古资料，为中国古代帝王陵墓制度的深入研究奠定了基础。

霸陵的双重陵园、帝陵居中、象征官署机构的外藏坑围绕帝陵布局等，均为西汉帝陵中最早出现的，表明了皇帝独尊、中央集权的西汉帝国政治理念的初步确立。霸陵平面格局上承长陵、

南陵动物殉葬坑出土的动物骨骸及陶器（西—东）

安陵的基本要素，下启阳陵、茂陵等陵园规制，是西汉帝陵制度发展演变的关键环节，同时也折射出西汉帝国国家政治思想、意识形态发展变化的趋势。

霸陵出土印章、封泥及其他带字文物等，证实了"陵墓若都邑"、帝陵"模仿现实中的西汉帝国"的建设理念。南陵外藏坑发现的带有草原风格的金银器是先秦两汉时期农牧文化交流与融合的直接证据，见证了中华文明由"多元"到"一体"的历史发展趋势。

■ 撰稿：马永赢、曹龙、朱晨露、朱连华、张婉婉

ABSTRACT

In recent years, archaeological teams have conducted several archaeological investigations, explorations, and trial excavations in the Baling Mausoleum, and confirmed that there are no mausoleum remains in "Fenghuangzui". From the west side of Empress Dou's mausoleum, important relics such as the large tomb of Jiangcun, outer storage pits, architectural remains and accompanying burial pits were found. The remains of the walls of the large tomb of Jiangcun and Empress Dou's mausoleum were identified. More than 4,000 cultural relics of various types have been unearthed from the outer storage pits (Wai Cang Keng) of the Empress Dowager Bo's southern tomb, and the Han tombs of Lijiacun, yielding fruitful results.

河南省洛阳市
隋唐洛阳城正平坊遗址

工作单位：中国社会科学院考古研究所、洛阳市文物考古研究院

正平坊是隋唐洛阳城重要里坊之一。文献记载，唐代国子监、孔庙以及太平公主旧宅（后改安国女道士观）等皆在此坊。考古工作确定了正平坊的位置范围、规模结构及其与周围里坊的位置关系。正平坊四面坊墙居中开门，坊内有"丁"字形路网结构，其中西半坊为一大型庭院，坊东南区有并列的三个庭院。西半坊庭院为中轴对称多进式院落布局，坊东南区由三座等分的多进式庭院组成，坊东北区尚未发掘。庭院皆为以主殿为核心的中轴对称多进式院落布局，由廊庑或墙垣围合而成。正平坊遗址的规模尺度、空间结构和庭院建筑形制，特别是以大殿为核心的中轴对称多进式院落庭院布局，实证了中古时期里坊的空间结构和建筑模式，对研究中古时期的城市居住空间、生活形态和管理制度具有重要价值。

一、遗址概况

隋唐洛阳城是隋唐两代的都城，五代、北宋时期相继沿用。都城由宫城、皇城和郭城里坊区组成，里坊区以洛河为界分为洛南里坊区和洛北里坊区。《河南志》记载，隋唐东都有一百零三坊三市；北宋西京有一百二十坊。里坊区内东西向街道和南北向街道纵横交错，形成棋盘式布局。隋唐东都城的里坊以里见方，内有十字街，坊墙四面居中开门。里坊有严格的管理制度，每天定时关启坊门，一年之中，只有元宵节前后三天坊门彻夜敞开；里坊内严禁临街开门，严禁侵街现象。都城内里坊的管理不但严格而且较为完备。

正平坊遗址位于今洛阳市洛龙区安乐镇赵村北，与郭城南墙隔乐和坊，与天街轴线隔宜人坊，其东、南、西三面为通向城门的街道，位置极为重要。正平坊是隋唐洛阳城内重要的里坊之一，东临敦行坊以向北通向东城承福门的坊间道路相隔，北临修行坊以东西向坊间街道相隔，西临宜人坊以向北通向皇城左掖门的坊间街道相隔，南临乐和坊以向东通向郭城永通门的坊间街道相隔。正平坊内有诸多重要建筑，是东都城内非常重要且极具代表性的里坊。

二、工作缘起与技术路线

隋唐洛阳城遗址里坊的考古工作始于1954年的考古调查，1960～1965年中国科学院考古研究所的考古调查确定了郭城里坊区街道、里坊及市场的位置和范围。为了解里坊的尺度、空间结构、建筑形式，进而探索古代城市的居住形态、管理制度等问题。2014～2019年，中国社会科学院考古研究所、洛阳市文物考古研究院、洛阳市钻探管理办公室对正平坊遗址进行了详细的考

正平坊位置示意图

古钻探工作，大体确定了正平坊遗址的整体范围、路网结构和遗址分布情况，为考古发掘工作打下了坚实的基础。2020年4月，中国社会科学院考古研究所和洛阳市文物考古研究院联合启动了正平坊遗址的考古发掘工作。联合考古发掘队制定了详细科学的工作计划，组织了坚强的考古发掘、遗产保护专业队伍，为考古工作提供了坚实的技术支撑。

在发掘工作中，严格按照《田野考古工作规程》《考古发掘管理办法》的规定，认真做好文字、表格、绘图、影像等各种记录，同时充分利用现代科学技术手段，最大限度地获取考古信息，采集各类测试样品，开展多学科综合研究。在工作中对城址全局以100米×100米统一编号分区，以10米×10米统一编号布方，为后期建立地理信息系统打下基础。以考古钻探资料为线索，采

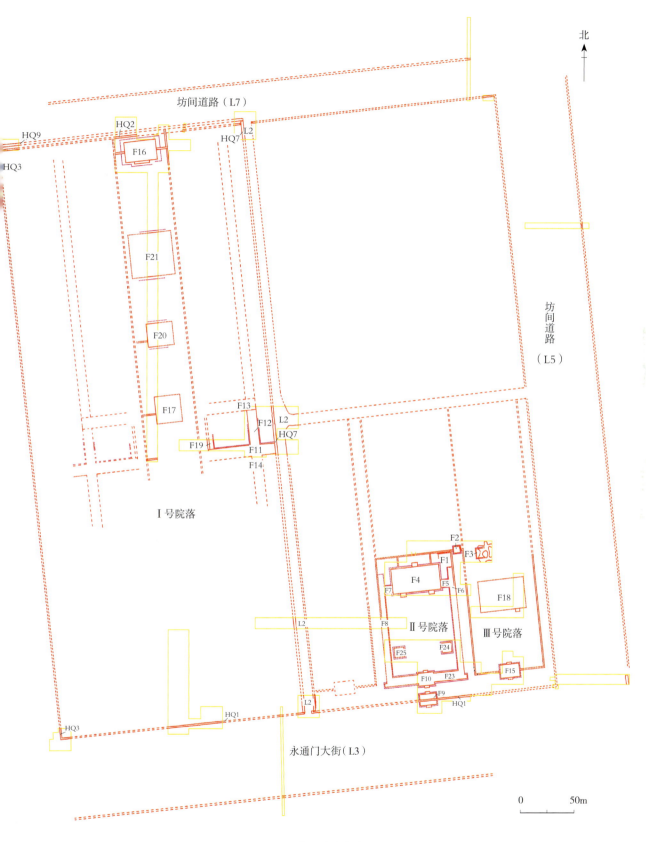

北

坊间道路（L7）

HQ9

HQ2

F16

L2

HQ7

HQ3

F21

坊间道路（L5）

F20

F17

F13

F12

L2

F19

HQ7

F11

F14

Ⅰ号院落

F2

F3

F1

F4

F5

F18

F7

F6

L2

F8

Ⅱ号院落

Ⅲ号院落

F25

F24

F10

F23

F15

F9

L2

HQ1

HQ1

HQ3

永通门大街（L3）

0   50m

正平坊遗址遗迹分布图

正平坊位置分布图

取线、面相结合，采用 RTK、无人机、三维激光扫描等信息技术多维度数据采集，科学、准确地获取信息资料。通过发掘工作探索里坊的内部结构，确定坊墙、街道、坊门及坊内宅院布局和建筑分布情况，进一步了解里坊内建筑形式，探索唐代城市居住模式，研究中国古代里坊的空间结构和管理制度，探索唐代城市居民的居住空间和生活方式等。

目前的考古工作确定了里坊的范围及四面坊间街道，坊内路网结构和宅院建筑空间布局。发掘清理出了坊间街道、坊墙、坊门、坊内路网以及宅院院墙、院门、门厅、主殿、轩廊、廊房、过亭、钟鼓楼等建筑基址，里坊的空间分布、形制结构和建筑模式等已大体清晰。

三、主要遗迹和收获

正平坊遗址发掘清理出了完整的里坊结构布局和三座大型庭院院落，主要遗迹有坊间街道、坊墙、坊门、坊内路网以及庭院的院墙、院门、门厅、主殿、轩廊、廊房、街亭或望楼、钟鼓楼等遗迹。

（一）坊间道路

正平坊南侧永通门街，发掘出了南侧乐和坊北墙和正平坊南墙及两墙之间的道路遗迹，乐和坊北墙仅存基槽底部，残宽 1.3 米，两墙之间的道路宽度 71.4 米。

正平坊北侧坊间街道，发掘出了修行坊的南墙，发掘出正平坊的北墙及道路遗迹，两墙之间坊间街道宽 33.4 米。

正平坊东侧坊间街道，向北通向东城南门承福门。发掘出敦行坊的西墙残宽 1.3 米。正平坊东侧坊间路宽度应为 71 米左右。

正平坊西侧坊间街道，向北通向皇城南门左掖门。压在现代城市道路之下，根据钻探资料东西宽约 71 米。

（二）坊墙与坊门

发掘清理出了四面坊墙、南坊门和北坊门遗址。确定了里坊的准确位置和范围。

正平坊东西 464.6 米，南北 533.6 米。南坊墙宽 1.3～1.43 米。北坊墙宽 1.36～1.4 米。西坊墙宽 1.3～1.35 米。东坊墙压在现代城市道路下未发掘。

坊门位于坊墙居中位置。南坊门仅存东侧墩台，北部被唐代地层打破，东西残宽 1.7 米，残长 2 米。西侧墩台被五代、北宋时期道路破坏，坊门处唐代道路宽 4.6 米，坊门宽度不详。唐代坊内南北向道路出坊门与永通门大街交接处路面铺垫有卵石和碎瓦砾，并有东西向车辙多条。坊

正平坊遗迹分布图

门内南北向道路两侧与院墙之间各有一条鹅卵石铺砌的宽约 0.5 米散水。

北坊门两侧墩台被五代、北宋时期路土和南北向路土东侧的排水沟破坏。道路宽 4.3 米。

（三）坊内街道

坊内街道呈"丁"字街布局，西半坊为一大型宅院。南北向街坊内南北贯通与南、北坊门相接，坊内全长 533.6 米，宽约 8.7 米。坊内东西向街位于坊内南北居中位置，仅存于东半坊，宽约 10 米。

（四）西半坊庭院（太平公主宅）

西半坊庭院（太平公主宅），编号为I号庭院。

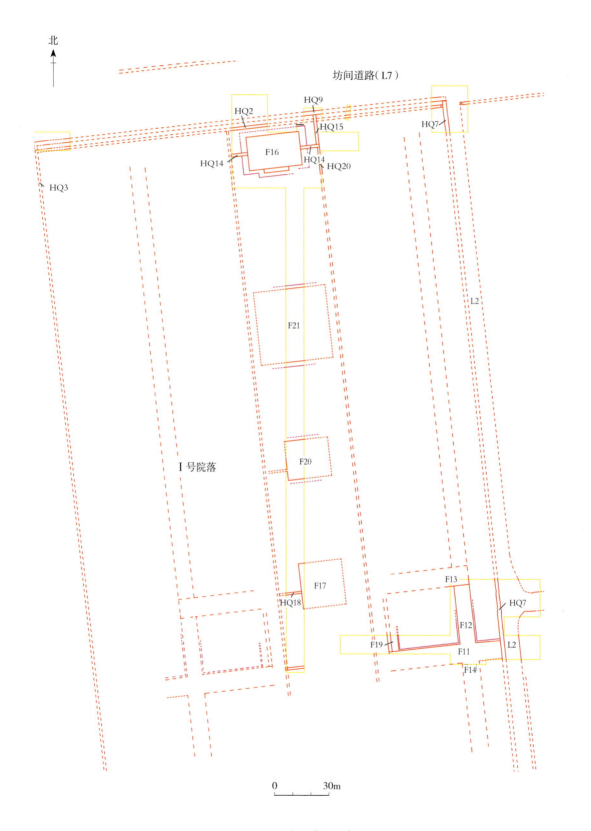

北

坊间道路（L7）

HQ9

HQ2

HQ15

HQ7

F16

HQ14

HQ14

HQ20

HQ3

L2

F21

I号院落

F20

F17

F13

HQ18

HQ7

F12

F19

F11

L2

F14

0   30m

正平坊西半坊遗迹分布图

为大型院落，占西半坊之地。东西面阔约225米，南北进深约535米。宅院为中轴对称多进式大型院落布局，在宅院居中的南北轴线上发现了五座大型夯土建筑台基基址，还发掘清理出了院墙、廊房等遗迹。

东院墙，东侧紧临坊内南北向街的西沿，墙体1.8～2.1米，基槽宽2.05米。

北院墙，位于北坊墙北侧2.1米，突出了北坊墙。墙宽2.1米。

廊房基址，由东西向和南北向两组廊房组成呈"丁"字形相接，东西向廊房北距坊南北正中位置17.4米。东西向廊房台基南北残宽10.1米。南北向廊房台基东西宽8.3米。

轴线建筑由北而南由5座建筑基址，南北一线组成宅院轴线建筑群。由北而南依次为：

宅院北门建筑基址（F16），北距北院墙10米，由台基、连廊等组成围合成一个封闭的院落。基址仅存台基部分，可分为早晚两期，晚期台基位于早期台基正中，台基东西长29米，南北宽18米左右。

台基东西两侧正中有夯墙相连，台基东侧有南北向夯墙与台基东侧东西向夯土墙相接，墙两侧有白灰墙皮痕迹。

晚期台基仅残存台基东西两侧部分，有包砖沟痕迹。台基东西长33.7米，南北宽20.45米。

轴线第二夯土台基（F22），北距F16约20米，正在清理，目前形制不明。

轴线第三夯土台基（F21），正在清理，目前形制不明。

轴线第四夯土台基（F20），台基西侧有东西向夯墙相接，宽约1米。正在清理，

正平坊西半坊庭院遗迹图

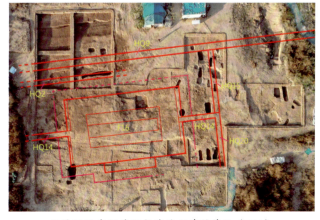

正平坊西半坊庭院轴线北门建筑基址（F16）

目前形制不明。

轴线第五夯土台基（F19），台基西侧有东西向夯墙相接，宽约1米。正在清理，目前形制不明。

（五）坊东南区

坊东南区范围以坊内南北街、东西街与坊墙围合区域为界，占坊四分之一面积。这一区域内东西并列三个院落，将坊东南区东西三等分。院落编号为Ⅱ号、Ⅲ号和Ⅳ号院落。三座院落面阔均约71米。东南区南坊墙正中开门，坊墙与三座院落南墙之间为东西通道。除四号院落未发掘外，Ⅱ、Ⅲ号院落南院墙正中皆开院门，其中Ⅱ号院落南门与坊墙上所开之门南北相对。这一区域内发掘清理出了院门、围廊、院墙、过亭、水池等遗迹。

坊墙门址（F9），位于东南区南坊墙正中，为殿阁式门址。仅存基础部分，门址台基面阔15.64米，进深11.5米。台基四周有包砖和散水痕迹。

东西向通道，位于坊墙与院落之间，通道宽约13米。二号院落南门与坊墙门南北相对，踏道间距3.5米。

南北向通道，位于居中Ⅱ号院落与Ⅲ号院落之间，东西宽9.68米。

街亭（F2），或称望楼。位于Ⅱ号院落与Ⅲ号院之间的南北向通道，西与Ⅱ号院落前院北墙相接。平面近方形，台基四周有包砖和散水痕迹。

1. 东南区中间庭院（国子监）

东南区中间庭院（国子监），编号为Ⅱ号院落，位于坊东南区正中，发掘遗迹主要为Ⅱ号院落的前院，系以主殿为中心的轴线对称院落建筑布局。院落东西面阔74.7米，南北进深116米。Ⅱ号院

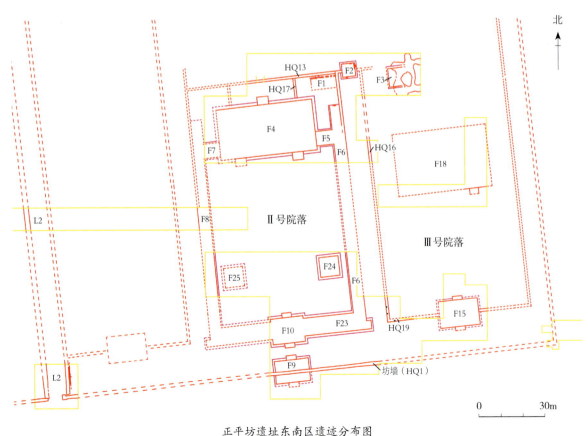

正平坊遗址东南区遗迹分布图

落的前院南、东、西三面轩廊周匝，并与北面的夯土隔墙围合而成前院。南轩廊正中有院门，与坊墙门相对。前院北部正中为主殿台基，殿基东西连轩廊。前院的南、东、西三面轩廊与主殿及两侧连廊围合而成殿前院，殿前院内南部东、西两侧各有一方形台基，应为钟鼓楼基址。主殿及两侧连廊、东西轩廊及北隔墙围合而成殿后院落。

前院南门（F10），亦为Ⅱ号院落南门。与坊东南区坊墙门规制相同，东西面阔三间，南北进深两间。

前院北门，位于前院北墙正中，南与前院主殿台基北侧踏道正对，门宽3米，进深与前院北墙同宽。

南轩廊（F23）位于前院门（F10）东西两侧，呈东西向。轩廊台基南北宽8.95米，台基南北两侧有包边和散水砌砖痕迹。此外，东轩廊（F6）宽5.63米，西轩廊与东轩廊结构相同。

主殿基址（F4），位于前院北部正中，主殿

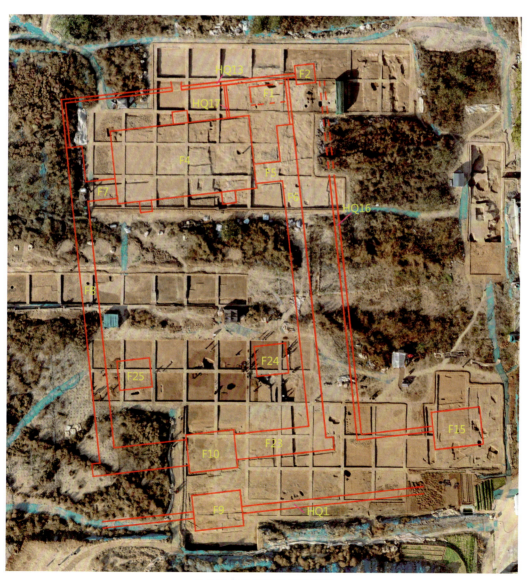

正平坊东南区国子监遗迹图

正平坊东南区孔庙遗迹图

米。北墙即前院北墙，北墙正中开门，与主殿台基北侧踏道正对。

殿后院东院，位于殿后院东部，由西墙（HQ17）与前院北墙（HQ13）、殿后院东墙（HQ10）和主殿（F4）围合而成。东西面阔 18.65 米，南北进深约 10 米。

殿后院东院房址（F1），位于院北部，仅存房址西北部遗迹。仅存房基西北角部分的西侧和北侧台基包砖和散水痕迹。

2. 东南区东侧庭院（孔庙）

东南区东侧庭院（孔庙），编号为Ⅲ号院落。位于坊东南区东部，由夯土墙围合而成。发掘遗迹主要为院落的前院，系以主殿为中心的轴线对称建筑布局。遗迹主要由南院墙、西院墙、前院门、主殿基、后殿等组成。

南院墙，东西向，院门西段东西长 23 米，宽 1.2 米。

西院墙，南北向，西距Ⅱ号院落前院东轩廊 9.68 米。夯土墙内侧抹白灰墙皮，西院墙东西宽 1.2 ～ 1.45 米。

前院南门（F10），亦为Ⅲ号院落南门。门址台基呈长方形，门址台基破坏较重，仅存台基的部分夯土基槽边沿，门址台基东西面阔 18 米，南北进深 12 米。

主殿基址（F18），位于前院北部正中，南距南门台基北沿 51 米。主殿台基保存较差，已发掘部分南北进深 28.7 米，东西面阔 10 米。基址台体基本无存，台基由多重夯土承重基槽组成，基址的形制规模尚不清晰。

后殿（F3），位于前院北部，南距主殿台基 22.4 米，仅存房址台基西部遗迹。南北进深 8.4 米，东西面阔残存 4.4 ～ 4.9 米。

池苑，位于前院北部，南距主殿台基 16 米。

基址南沿距南轩廊台基北沿 73.98 米，距前院门台基北沿 73.3 米。主殿台基呈东西长方形，东西面阔 44.59 米，南北进深 22.9 米。台基南侧两个踏道东西分布。台基北侧正中有踏道。主殿台基（F4）东、西两侧有东西向连廊相接。

钟、鼓楼基址，殿前院内南部东、西分列两个方形建筑台基，为钟鼓楼建筑。东侧方形台基F24，西侧方形台基 F25。方形台基边长 10 米。

殿后院，位于主殿台基北侧，南北进深约 10

仅存池苑水池西部部分遗迹，水池南北残宽20米，东西残长15米。水池池岸曲折，池内淤积淤土，有两个岛屿。

此外，正平坊遗址内出土了大量的建筑构件和生活用品，建筑构件有莲花纹瓦当、筒瓦、板瓦、脊饰等，生活用品有青釉、白釉、黑釉的盏、盘、碗等。

四、价值与意义

正平坊是隋唐洛阳城内重要的里坊之一，东邻敦行坊、北邻修行坊、西邻宜人坊、南邻乐和坊。文献记载，坊内有孔子庙、国子监，太平公主旧宅（后改为安国女道士观），还有兵部尚书李迥秀宅，左散骑常侍、襄阳郡王路应宅和河南尹裴迥宅等达官贵人的宅院。此次考古成果对于探索里坊的内部结构，了解坊内建筑空间布局和建筑形制，探索唐代城市建筑模式、空间结构、居住形态和管理制度具有重要意义。

第一，确定了正平坊的确切位置及与周围里坊的关系。正平坊南面永通门街、东面为通向东城承福门街的坊间街道、西面为通向皇城左掖门的坊间街道，宽度均为71米左右，合唐代50步，即唐代25丈。北面坊间街道不与城门相通，宽33米，约为其他三面街道的二分之一。结合已发掘的定鼎门街宽140米，约合唐代100步，即唐代50丈。以及坊内东南区三座宅院的面阔宽度均约71米，合唐代50步，即唐代25丈。文献记载："城内纵横各十街，按韦述记：定鼎门街，广百步；上东、建春二横街，七十五步；长夏、厚载、永通、徽安、安喜门及当左掖门等街，各六十二步；馀小街各广三十一步。"实测与文献互证对于正确了解隋唐洛阳城营造尺度和设计规划手法具有重要意义。

第二，确定了正平坊的规模范围和内部空间架构。正平坊东西宽约460米，南北长530米。

发掘出了坊墙、坊门及内部的"丁"字形路网结构，坊内分为西半坊、东南区和东北区三部分。《两京新记》记载："每坊东西南北各广三百步，开十字街，四出趋门。"《大业杂记》记载，洛水"大堤南有民坊，各周四里，开四门临大街。门普为重楼，饰以丹粉"。同时，里坊的形制也是多样的，很多王公贵族的宅院、皇家寺院、道观等或占四坊、二坊、一坊、半坊、四分之一坊之地。《河南志》记"次北修文坊。隋立国子学于此，因曰修文。……显庆二年，尽并一坊之地为雍王宅。王升储，立为弘道观，因改坊名弘道。""东城之东第六南北街，凡五坊：从南第一曰积德坊，隋曰游艺坊，尽一坊为杨素宅，宅有沈香堂。"正平坊"丁"字形街正是由于坊内有占半坊之地的宅院形成的，并与文献记载吻合，是中古时期里坊空间布局结构的重要实例。

第三，坊内现已发现清理了三座大型多进式庭院院落，其中一座多进式庭院占据了西半坊之地，庭院由廊庑分割为不同的空间。南半部为庭院园林区，北半部为多进式庭院院落。北部庭院由中轴对称分布的南北三列建筑组成，中轴线建筑由南北五座大型夯筑台基组成，并由墙（或廊）围合成不同的院落，建筑布列有序。坊内东南区占坊四分之一，东西布置三座等面积的多进式庭院院落。南坊墙东南区段居中开门，门内东西通道北侧为三座庭院院落，庭院间有南北通道相隔，通道北部过亭（望楼）建筑。中间庭院由廊庑围合而成，为中轴对称多进式庭院布局，坊墙东南段居中之门、庭院南门、前院（主院）大殿构成庭院的南北建筑轴线。东侧庭院由院墙围合而成，为中轴对称多进式庭院布局，庭院南门、前院（主院）大殿构成庭院南北建筑轴线。已发掘清理的三座庭院的形制布局均为中轴线对称的多进式院落建筑形制布局，体现了中国古代传统的建筑规划思想，其形制布局和建筑模式是研究中国古代建筑发展史的重要范例。

第四，三座庭院内的建筑基址规模宏大，布局严谨。西半坊庭院的轴线建筑及其所在院落的形制布局模式与宫城内的建筑在建筑规格和形制布局上都极为相似，东南区庭院主殿及其所在院落的规模与布局也与宫殿建筑相似，院门的形制与规模与宫城内的官院院门相似。隋唐时期里坊制度极为严格，东南区坊墙另开门的现象与官式建筑的性质亦相一致。同时，出土建筑构件的形制、规格与装饰也与宫城出土的建筑构件相同。由此可以看出三座庭院的特殊性，处处彰显了其官式建筑的特征。这与文献记载的太平公主宅、国子监、孔庙功能属性相一致，结合文献记载推测西半坊庭院为太平公主宅（安国女道士观），东南区东侧庭院为孔庙，中间庭院为国子监。

目前的考古工作揭示了正平坊的规模尺度、空间结构和庭院建筑模式，特别是中轴对称、以大殿为核心的多进式庭院建筑布局，是探索中古时期里坊的形制结构和建筑模式的重要实例，对推动研究中古时期城市的居住空间、生活形态和管理制度具有重要意义。

■ 撰稿：石自社、赵晓军、王炬、卢亚辉、李鑫、邓新波、郑国奇

ABSTRACT

The Zhengpingfang District is an important inner district in Luoyang in the Sui and Tang dynasties. According to written records, it was the site of the Tang Dynasty Imperial College, the Confucian Temple, and the former residence of Princess Taiping (later renamed the Taoist Temple of Anguo). The scale, structure and relative location to other districts were uncovered by archaeological work. The entrances to Zhengpingfang are at the center of its four walls, and the roads inside form a T-shape, separating the district into the western side with one large residence, the southeastern side with three residences on parallel lots, and an unexcavated northeastern side. The western residence has a symmetrical layout, with a multiple-entrance courtyard, and the southeastern side is divided into equal-sized courtyards. Each of the courtyards are symmetrical along a central axis down the main building, surrounded by corridors or walls. The scale, spatial structure and courtyard form, especially the symmetrical layout based on a central building, illustrated the architecture of the Middle Ages. Zhengpingfang is an invaluable resource in the research of urban living spaces, lifestyles and management systems of the Middle Ages in China.

内蒙古呼和浩特市
沙梁子古城遗址

工作单位：内蒙古自治区文物考古研究院、中山大学社会学与人类学学院

沙梁子古城发掘揭露出一座较大规模、较高规格的西汉中晚期粮仓建筑基址，平面长方形，现残存面阔十六间、进深两间，为单体夯土高台建筑，夯台上有用于通风防潮的沟槽，四面有较厚墙体，屋顶重檐四面坡式，外围设围墙，经多次修缮，最后毁于大火。出土遗物主要有瓦构件以及"万石"对称戳印陶盆和陶量残件。浮选发现粮食种子。

一、工作缘起

沙梁子古城位于内蒙古自治区呼和浩特市玉泉区小黑河镇沙梁子村西北，地处土默川大平原，北距阴山汉长城约 15 千米，南距大黑河约 130 米。为配合呼和浩特新机场高速公路（S43）工程的建设，2017 年对该城址进行了小规模试掘，2019 年开始由内蒙古自治区文物考古研究院、中山大学社会学与人类学学院联合进行发掘。2020～2021 年，经国家文物局正式批准，该城址作为主动性考古发掘项目，进行了两年的考古工作，揭露一座大型汉代单体夯台建筑基址，并于 2021 年被纳入"考古中国"之"长城考古"项目。

二、遗址概况

目前的发掘已搞清楚古城的基本形制，并完成了城内现存夯台建筑基址的全部揭露。

通过钻探和局部解剖，基本确认沙梁子古城的形制为刀形，略呈西北—东南向。东城墙在中部斜向东南拐，使得整个城北窄南宽。城址南北长 520 米，东西方向城北宽 120 米，城南宽 260 米，面

沙梁子古城与粮仓建筑示意图

粮仓建筑基址（上为北）

2021年沙梁子古城测绘图

积约 10 万平方米。其中，西城墙在2019 年的发掘中经过系统解剖，可确认其整体分四段夯筑，平面呈梯形，现存顶宽 11.2、底宽 12.6、残高 2.4 米。

建筑基址位于刀形城址拐角靠南部，平面长方形，大致呈西北东南向，东西长约 170、南北宽 20 米，几乎将城分隔为南、北两半。选址在城内地势较高处。台基所在原始地貌北高南低，北部为古河道，为纯净的粗沙；南部主要为比较干燥的沙质土。在建筑基址解剖过程中，夯台下原始地面揭露出一排东西向窖穴，直径最大者达 1.8 米，出土较多粮食种子。建筑基址为夯土高台，依地势夯筑，从现存的建筑夯面向下，南部深 2.1、北部深 0.5 米。建造过程是先夯筑周围墙基，夯筑较细密，平均夯层厚 4 ~ 10 厘米；中间亦经夯打，夯层较厚。台基夯平后，

2020HYSGC9

夯台
细青泥层
草拌泥层

草拌泥

沟槽中段剖面

再在夯台上挖柱洞和南北向沟槽。夯土就地取材，夯台北部为沙质夯土，南部为泥质夯土。建筑基址目前保存的主要结构有四面宽厚的夯土墙基、台基上的柱洞和南北向沟槽、台基北部地面的水沟和东南角的散水以及围墙等。

该建筑形制与一般建筑相比，其独特之处在于夯台上整齐分布的南北向沟槽。沟槽形制规整，呈刀形或"凸"字形，垂直于夯台南北边缘。其结构分三个部分，较窄的南端和北端，长5、宽0.7米；向东凸出较宽的中段，长10、宽1.5米。向东的拐角基本为直角，且每道沟槽的南北拐点东西呈一条直线。目前揭露沟槽16道。其中，12道沟槽南北贯通整个台基，呈"凸"字形；4道缺少较窄的南端，呈刀形。两个沟槽中段相邻壁间距约3米。沟槽内东、西两壁分别等距设置6～7

个壁柱，平行或交错分布。在沟槽中段底部设一排6～7个南北向底柱。壁柱和底柱洞均有柱础石，为未加工的砾石。部分壁柱和底柱可见炭化木柱，经鉴定皆为松木。其建造过程为，挖好沟槽和壁柱、底柱洞后，放入柱础石；在沟槽内壁抹一层细青泥，将木柱放入，再抹一层草拌泥，以将壁柱包裹。墙皮有火烤痕迹。从壁柱、小柱础以及残存木架结构，可以确认壁柱和底柱应为支撑其上地板而设。

夯台上柱洞南北3排，5米等距分布。中间一排柱洞相对较大。柱洞内大部分有柱础石，多为较大的砾石，少数为基岩石块；个别为夯垫土。一个有意思的现象是，在基本水平的发掘面上，台基上大部分柱洞保存较好，柱础石仍埋在柱洞内，但西部南北两排柱洞已被破坏导致柱础石露

沟槽内倒塌炭化木架结构

出现存夯台面。这可能是建筑原始地面有高差所致。柱洞内垫碎瓦片和小石块。出土的木炭和个别柱洞保存的木柱经鉴定，均为松木。

夯台四面有宽厚的墙基。其中现存的南、东墙基宽5米，北墙基宽4.9米。南墙基底部原地面局部先挖沟再以石块铺垫。南、北墙基正好与沟槽南北较窄部分重合。南墙北界、北墙南界以及东墙西界分别与夯台南、北和西柱洞在一条直线上。由此判断，沟槽南北较窄端上部为墙，而夯台南、北和最西一排柱洞应为墙内柱。部分沟槽较窄部分可见墙体下沉的土坯，分布在靠近柱洞一侧，长约3米，可知该建筑的土坯墙体厚度就在3米左右。

夯台北、南和东侧地面均为夯垫土。其中北地面可见多个细沙水平层反映的被水浸淹和多次地面修补夯垫的交替过程，直到建筑使用末期才开挖了一条东西向排水沟。另外，在夯台东南角发现有三角形石砌散水，或为保护墙角的设施。

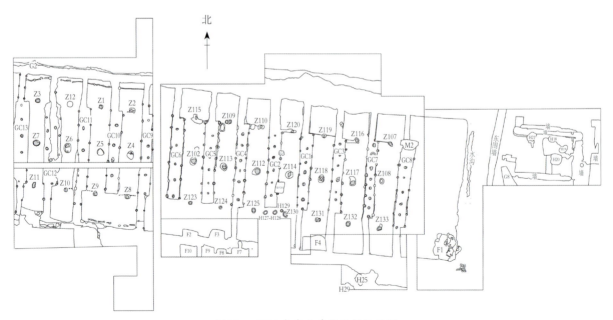

2019～2021年夯台建筑发掘平面图

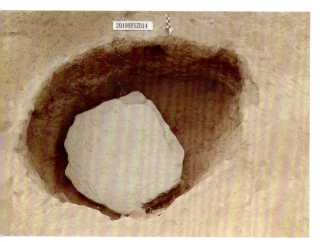

内有柱础石的夯台柱洞

底部为夯实土的夯台柱洞

内部垫瓦的夯台柱洞

残存炭化立柱的夯台柱洞

柱础石露出地表且被压断的夯台柱洞

内有两块柱础石的夯台柱洞

北 ←

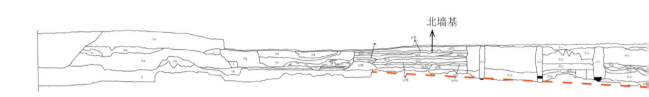

2020TG1 平、剖面图

南墙基

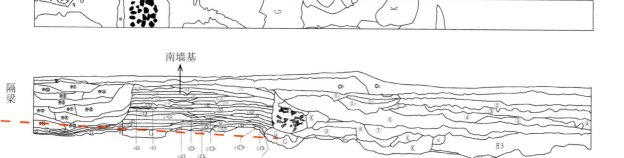

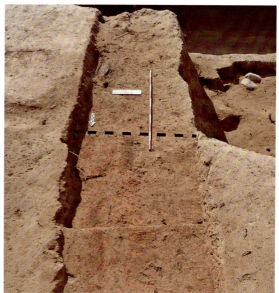

下沉土坯墙体

夯台建筑外围有围墙墙基。已揭露东围墙距夯台东缘7.82米，结构为中部南北向垫一层石块，两侧夯筑，宽3.1米。北围墙距夯台北缘8.26米，因建在古河道河沙上，因此将河沙向下深挖2米再夯筑，呈倒梯形，最宽处3.2米。围墙与建筑走向一致。

出土遗物主要有大量瓦制品和方砖等建筑材料。瓦制品主要分布在沟槽中段和夯台外侧地面，有明显火烧痕迹，保存较好，基本保留其倒塌的原始状态。南、北地面瓦制品分布距夯台边缘约4米，东部此距离为2.4米。特别需要提到的是，瓦当在沟槽内也有较多发现。瓦制品规格较大，

与汉长安城内宫殿出土者相当，显示出建筑较大的体量与较高的规格。其中，筒瓦可分为两型，制法有早晚之别。尺寸较大者，占绝大多数，长58、直径18、厚1.6厘米；表面饰绳纹，内面饰布纹；制法为垫木片模制，时代为西汉中期偏早或西汉中晚期。尺寸较小者，数量较少，长52.4、直径13.6、厚1.4厘米；制法为从内向外切，时代应为西汉中晚期，主要为西汉晚期。小筒瓦尾部故意提捏向上翘起，正好能与大筒瓦瓦唇相接。板瓦尺寸较大，长60、宽48、厚1.2厘米。部分板瓦表面涂朱。瓦当有云纹瓦当和凤鸟纹瓦当，表面涂朱，直径18厘米。以云纹瓦当为主，

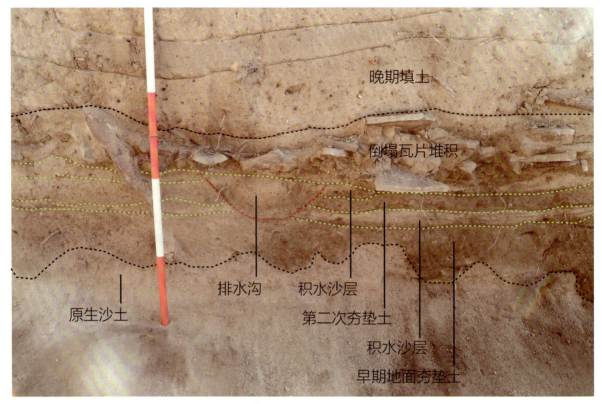

晚期填土

倒塌瓦片堆积

原生沙土　　排水沟　　积水沙层

第二次夯垫土

积水沙层

早期地面夯垫土

夯台北地面堆积剖面

夯台南地面倒塌瓦片堆积

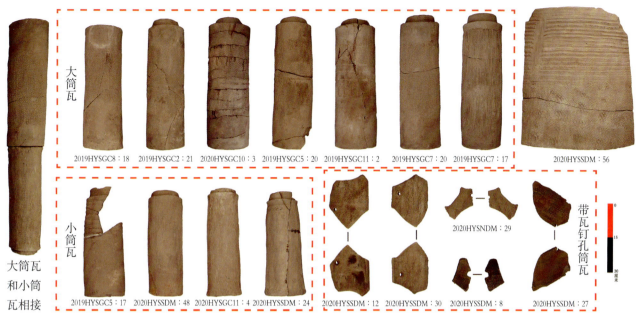

筒瓦和板瓦

瓦当

其中又以"蘑菇"形云纹为多，还有少量树状和卷云状云纹。方砖数量不多，主要饰几何形纹，极少量饰绳纹。

出土陶容器数量较少，多为盆和钵，还有四个陶量残件。其中一件陶盆底部有两个对称"万石"戳印。大部分器物表面有火烧痕迹。

三、时代和性质

从历次发掘出土遗物来看，沙梁子古城是一座西汉时期建设和使用的边城，没有发现东汉遗物，表明其在东汉时已被废弃。学者初步研究认为，其应为西汉时期云中郡，属犊和县。

从目前揭露的情况看，建筑基址具备西汉仓储类建筑的一般特点。较为特别的是夯台上均匀分布着十分规整的沟槽，与汉长安城桂宫三号建筑基址及华阴京师仓等可以对比，既有相似，又有所差别。其功能主要是通风防潮。沟槽内堆积经浮选有粟、黍样本。结合出土的带"万石"戳印的陶盆、陶量等器物，初步判断这是

"万石"戳印陶盆

一座面阔十六间、进深两间的大型单体夯土高台粮仓类建筑，使用面积近 1800 平方米。从塌落瓦片的分布和埋藏状态以及瓦当的分布和数量来看，建筑屋顶为重檐四面坡式。建筑使用时间，初步判断为西汉中晚期阶段，期间地面和屋顶经数次修缮，最后毁于大火。

值得一提的是被夯台叠压的一排粮食窖穴，年代为西汉时期。这表明，在建造大型粮仓之前，所在地已经存在粮窖，显示出从粮窖到粮仓的发展过程。这就暗示，沙梁子古城从一开始就承载了西汉王朝经略边疆的粮食仓储的重要功能。考虑到平原地区汉代古城的不规则形制，城址的布局和性质，粮窖、粮仓与古城的时间关系还需要进一步的发掘来厘清。

四、价值和意义

沙梁子古城的发掘，其揭露出的不规则形制古城、重要的粮窖和粮仓类建筑，为我们展示了一幅别样的西汉边城景观，具有重要的考古新发现和学术意义。

这是首次在长城沿线地区西汉边城发现和发掘大规模粮仓类建筑基址。在此之前，发掘的西汉该类建筑主要在都城（附近）和中原地区。汉墓壁画中，粮仓的建造技术、结构和规模等信息难以获取。此次发掘，第一次揭示出边城粮仓建

被高台建筑基址叠压的粮窖

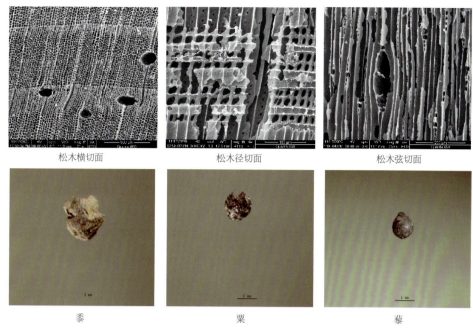

松木横切面　　　　　　松木径切面　　　　　　松木弦切面

黍　　　　　　　　　粟　　　　　　　　　藜

木材和炭化种子

筑的形制，且保存较好，与城址布局关系较为清楚，不仅为研究边城该类建筑提供了形象资料，也为研究边城的布局及内涵提供了全新资料，填补了汉代边城研究的空白，也丰富了我们对长城文化内涵的理解。

沙梁子古城南倚大黑河，北距穿越大青山的古白道不远，西距位于大黑河南岸云中郡故城约30千米，东距云中郡原阳县八拜古城约16千米，交通地理位置重要。城内大型粮仓可能用来存放周边郡县粮食，以供长城沿线军粮。从粮窖发展到粮仓，且粮仓形制规整、体量大、规格高、使用时间长，建筑外围还有围墙，故推测此处可能是一座国家级的粮仓。这一方面反映了该城址长时段作为粮食仓储的重要功能，另一方面也反映出汉代中央政府对边疆地区经略的一个重要变化，是汉代边防体系的重要实证。

■ 撰稿：刘扬、张文平

ABSTRACT

A large Late Western Han-style granary base was excavated in the walled town of Shaliangzi. It is located in the middle of the town, in a rectangular shape. The remains is a large rammed-earth building on a tall platform, 16-room wide and two-room deep, with thick walls around and a sloped roof with double eaves. On the rammed-earth platform, north-south grooves for ventilation are distributed uniformly, with thick walls on all four sides. The artifacts include a large number of tile structures, as well as a pottery pot with a symmetrical perforated stamp "10,000 dan of grain (Wan Dan)" on the bottom, and fragments of pottery measuring vessels. The building was used in the middle and late Western Han Dynasty, and, after several repairs, was destroyed by a fire.

北京市怀柔区箭扣南段长城二期修缮工程考古项目

工作单位：北京大学考古文博学院

为推动加强考古工作与长城保护维修工程的结合，北京大学考古文博学院以箭扣南段长城151～154号敌台及边墙的考古工作为例，开展了有针对性的考古调查、建筑考古研究，以考古清理获取的信息支撑、指导修缮工程，取得了重要成效。本次探索出的工作流程和技术路线实现了方法创新，为今后在长城以及其他重要不可移动文物的修缮工程中加强考古研究工作提供了参考和示范。

一、工作缘起

2016年9月1日，中国文物保护基金会与腾讯公益慈善基金会开展了"保护长城、加我一个"募捐活动，将部分募集款项用于北京市怀柔区箭扣南段长城151～154号敌台及边墙的现状加固修缮工作。按照国家文物局相关意见的要求，基于考古工作在长城保护维修工程中的重要程度，2018年6～10月，北京大学考古文博学院团队在箭扣南段长城修缮工程实施过程中，以151～154号敌台的台体内部和顶部、151～152号敌台间边墙、153号敌台两侧边墙等区域为考古工作重点，开展了有针对性的考古调查、建筑考古研究，以考古清理获取的信息支撑、指导修缮工程，取得了重要成效。

考古清理范围俯拍全貌

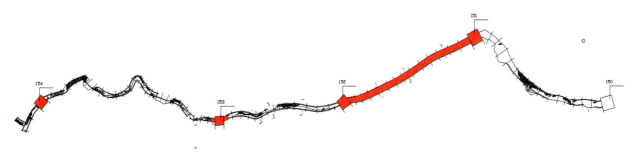

考古清理范围示意图
（标红处为重点清理单位范围）

二、技术路线

本次考古工作主要为配合箭扣南段长城修缮工程进行。此段长城的维修性质是抢险加固性工程，需要采取有针对性的加固措施，并通过合理清理部分积土及植物等手段，集中解决长城渗漏、排水问题。由于长城本体结构存在险情，如垛墙、基石、地面坍塌等现象，产生了数量较多的倒塌文化堆积。这类倒塌堆积的保存情况较好，保留了较多的长城结构特征，可以为修缮和复原提供重要参考。此外，在积土和倒塌文化堆积之下仍保存着较为完整的明代长城原生地面，并散见部分遗物，这些都是重要的历史信息。这些历史信息如不采取考古工作提取，将导致在保护工程的前期清理和施工过程中被忽视，从而造成信息流失。

为配合修缮工程清理，北京大学考古文博学院团队充分考虑考古工作原则和现场实际情况，参考《田野考古工作规程》和相关修缮工程设计方案，制定了适合修缮工程的考古工作方案，并进行现场指导和人员培训。在修缮清理过程中，遵守考古工作的原则性要求，依据土质、土色、包含物及参考其他相关现象区分堆积单位，依照堆积形成的相反顺序逐一按堆积单位进行清理。

北京大学考古文博学院团队充分考虑考古工作原则和现场实际情况，结合长城工作的特殊性，将敌台的台体内部和顶部各视为一个工作单位，将边墙每两个垛口间的范围（长约5米）视为一个工作

在边墙上划分考古工作单位

在边墙两侧的地面上划分考古工作单位

151～152号敌台间边墙考古清理现场

使用 GNSS-RTK 测量坐标

将采集的遗物分类收集、码放

单位(相当于一个探方)。考古时设置统一测量基点，使用 GNSS-RTK（实时动态测量）技术，测量每个清理单位的四界标识物在三维测绘坐标系统的坐标，并在考古工作中进行文字、测绘和影像记录。

此外，还应用团队自主开发的"源场景"数字化系统跟踪记录对长城本体的干预情况，运用数字化技术对长城维修段持续进行基于模型和图像的数据采集和追踪，并对修缮过程中的现场信息加以可视化，

考古成果可视化展示

实现考古清理和修缮工作的全过程管理[1]。在考古清理工作结束后，将采集和出土的重要遗物标本登记入库，数量较多的长城砖等要求在修缮时进行重新利用。

三、遗迹概况

箭扣长城位于北京市怀柔区西北的八道河乡境内，距怀柔城区约30千米。本次考古工作以箭扣长城151～154号敌台的台体内部和顶部、151～152号敌台间边墙、153号敌台两侧边墙等区域为重点。

151号敌台，平面呈长方形。中心室平面呈长方形。敌台平面推测为"回"字形结构，顶部和四周砖砌券洞现已不存。中心室北侧和南侧辟一券门，西侧和东侧辟两券门，南侧残存7级登台梯。敌台中心室出土35枚石雷、2件瓷片。

152号敌台，平面呈直角梯形。中心室平面呈长方形。敌台顶部地面大部分已不存，四面残存垛口墙，垛口中间设瞭望孔。北侧墙体辟三箭窗；南侧墙体辟一箭窗；西侧墙体辟一券门，门左侧辟一箭窗；东侧墙体辟一券门，门右侧辟三箭窗；南侧残存9级登台梯。敌台内部出土9枚石雷、2件铁片、1件瓷片、6块动物骨骼，顶部出土75枚石弹、4件筒瓦、3块残脊件。

153号敌台，平面呈长方形。敌台平面为"回"字形结构，顶部残存部分铺房墙体，四面残存垛口墙，垛口中间设瞭望孔。北侧墙体辟三箭窗；南侧墙体辟三箭窗；西侧墙体辟一券门，门两侧各辟一箭窗；东侧墙体辟一券门，门左侧辟两箭窗；东侧存7级登台梯。敌台顶部出土1件陶片、4件板瓦。

[1] 张剑葳、尚劲宇、吴煜楠：《长城保护维修中干预过程管理的数字化途径新探》，《建筑遗产》2021年第1期。

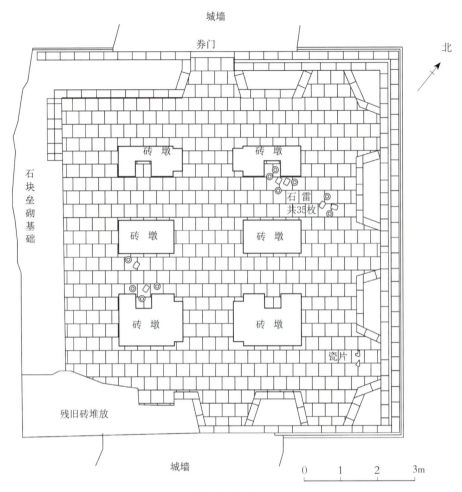

151 号敌台底部平面

151 号敌台考古清理后状况

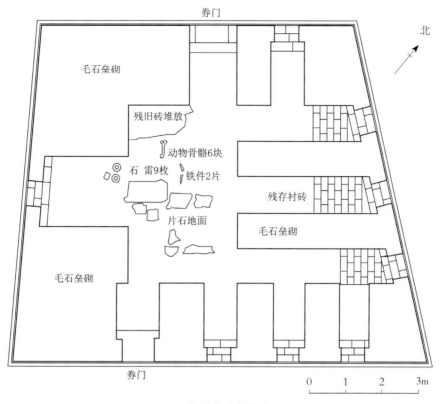

券门

北

毛石垒砌

残旧砖堆放

动物骨骼6块

石 雷9枚 铁件2片

残存衬砖

毛石垒砌

片石地面

毛石垒砌

券门

0　1　2　3m

152号敌台底部平面

152号敌台考古清理后状况

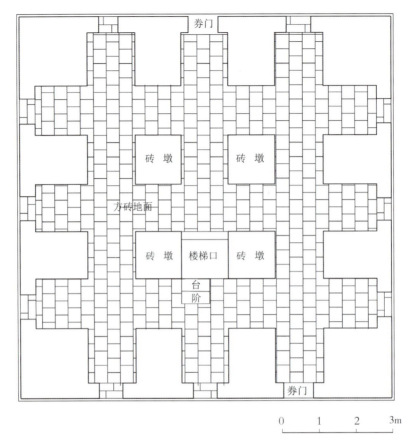

北

153 号敌台底部平面

153 号敌台考古清理后状况

153 号敌台考古清理后状况

154 号敌台，平面呈长方形，设在三段边墙交汇的地理位置。敌台为实心结构，顶部残存部分铺房墙体，四面残存垛口墙，垛口中间设瞭望孔。东、西侧各存 4 级台阶。敌台顶部出土 7 件筒瓦、1 件铁钉。

四、结语

作为人类社会现存最为宏伟的文化遗产之一，长城是古代中华民族协作力与创造力的集中体现。箭扣长城是明长城防御体系的重要组成部分，反映了明代高超的建筑技术和水平，为北方草原文明和中原农耕文明相互融合的过渡地带划下了一条历史的物质界线。时至今日，在面临着诸多自然病害与人为损坏等威胁的情况下，长城的保护与维修仍是目前工作的当务之急。

此次的箭扣南段长城 151～154 号敌台及边墙的考古工作，最大限度地保留了其所承载的重要历史遗存和信息，具有重要的实践探索意义，体现了长城保护原则和文化遗产保护理念的深入发展，是传承与弘扬长城精神、保护世界文化遗产的必要工作和应有之义。

本次长城保护维修工程中的考古工作较为特殊，是基于修缮清理过程的考古行为，以考古学研究为目的，既区别于一般的工程测绘和施工清理，又与《田野考古工作规程》中所提及的考古调查和发掘在管理上有所区别。[1] 修缮过程中的清理需要考古工作的介入，以更完整地提取和留

［1］张保卿、张剑葳、尚劲宇：《长城保护维修工程中考古工作的方法与对策研究》，《中国国家博物馆馆刊》2021 年第 1 期。

存古代遗存信息，既充分支撑保护工程，也为后续的长城考古研究和利用工作提供资料。除了对敌台与边墙具体的考古清理发现外，方法论的进步是本次工作的重要价值之一。

近年来，国家对长城保护维修工程中的考古工作更加重视，统一规范的管理办法和操作流程一直在摸索中。本次箭扣南段长城修缮工程中的考古工作是一次规范化、系统化的尝试，从考古成果与修缮效果来看，较好地实现了目标。本次探索出的工作流程和技术路线实现了方法上的有效创新，为今后在长城以及其他重要不可移动文物的修缮工程中加强考古研究工作提供了参考和示范。

■ 撰稿：张剑葳、张保卿

ABSTRACT

The team from School of Archaeology and Museology, Peking University launched a project to study the No. 151-154 enemy towers and the side walls of the south section of the Jiankou Great Wall, in order to strengthen the cooperation of archaeological work and the Great Wall Conservation Project. Based on historical information extracted from the archaeological investigation on the Great Wall, the team successfully guided the conservation efforts. The innovative approach and processes explored in the project has demonstrated a model of integrating archaeological study into the conservation project of the Great Wall, as well as projects on other important immovable cultural heritages.

展示链接：

箭扣长城修缮 152 敌台源场景 (sourcescene.com)

http://jkcc.sourcescene.com/

说明：包含考古前、清理后、施工中、干预后、竣工后 3 个月共 5 次数据。可以通过实景模型、全景照片、标注的干预措施等，观看、检视本次工作的关键节点和全流程。

陕西省靖边县
清平堡遗址

工作单位：陕西省考古研究院、榆林市考古勘探工作队、靖边县文物保护中心

清平堡是明代长城体系中延绥镇下辖的一座营堡，清代初年废弃后迅速被沙漠掩埋，以后基本未遭受人类活动的破坏，较好地保存了原有的布局和结构。在清平堡遗址内发掘清理出明代的城隍庙、中心楼（玉皇阁）、街道以及小型民居院落等遗迹，出土有彩绘泥塑神像、石碑及各类建筑、生活类遗物等。所揭露的遗迹与出土的遗物具有明显的军事特征、商业特征，也具有明显的中原文化因素、北方文化因素，很好地反映了明代长城地区的经济交往、文化交流、民族融合等状况。

清平堡遗址位于陕西省榆林市靖边县杨桥畔镇东门沟村，是明朝修建的长城体系中的一座营堡，属延绥镇统辖。明长城延绥镇部分共设置有三十六座营堡，分为东、中、西三路，清平堡隶属于中路，始建于明成化年间，清代康熙时期平定噶尔丹之后被废弃。

一、工作缘起

清平堡虽然久已废弃，但一直以城隍信仰为当地人所知，当地群众在堡内高处修建有一座现代的城隍庙。2007年，国家文物局组织的"长城资源调查"，曾对该营堡进行了详细的调查。2008年，被公布为陕西省第五批省级文物保护单位。2020年4月，当地群众在清平堡内取沙时，发现了数尊彩绘泥塑神像，还有砖砌的墙体，铁质的香炉、铁磬等遗迹遗物，其中香炉的铭文记载为嘉靖时期由清平堡驻军军官捐赠铸成。陕西省考古研究院随即对暴露出的遗迹进行抢救性发掘，揭露出一座名为显应宫的城隍庙，所发现的遗迹与遗物反映出清平堡遗址具有重要的文化价值。经国家文物局批准，2021年继续对清平堡遗址进行有计划的发掘。

考古工作以揭露清平堡遗址中各遗迹、遗物所体现出的文化元素，尤其是分属于长城两侧不同地域、族群的文化元素为基本目的。在此基础上，揭示不同的民族、文化在该区域的时空演变情况，以实物例证展示长城两侧不同的民族、文化如何接触、交流并进一步融合为一体。考古工作有目的地揭露能符合预期目标的遗迹（商业贸易特征明显、地域文化特征突出），选取发掘遗迹点以能反映长城沿线各营堡的共性特征为主。对整个营堡布局的了解以勘探工作为主，对营堡与边墙、墩台之间关系，还有长城与南北两侧腹地关系的了解，均以调查工作为主。

二、遗址介绍

清平堡位于毛乌素沙漠边缘，周边区域并不适合农业生产，废弃后迅速被黄沙掩埋，之后基本未受人类活动破坏，较好地保存了原本的布局和结构。清平堡遗址覆盖的沙层厚度达5米多，遗迹以砖砌建筑为主，遗物以各种建材和生活类遗物为主，能够很好地反映出长城本身的主要功用，能反映出长城两侧的民族、文化之间接触、交流、融合的状况，也反映出长城在中华民族和中华文明的形成发展过程中所起的作用。

清平堡整体呈长方形，城墙夯土筑成，后来曾有砌砖石，通过考古发掘，揭露出的遗迹有显应宫、中心楼（玉皇阁）、沿街的商铺、民居等。勘探显示，在营堡内还有较多的砖砌建筑遗迹，主要分布在营堡的南部。

（一）遗迹介绍

显应宫为一座长方形院落，院墙南北长60米，东西宽25米，总面积约1500平方米，由照壁、大门、院墙、戏台、东西侧殿、大殿及寝宫等部分组成，所有的部分都是青砖砌筑而成。整个建筑坐北朝南，平面为长方形，院落布局清晰，沿中轴线对称分布，井然有序。这批建筑房屋顶部已经坍塌，墙体保存较好，残高2米左右，最高处约3米。在院内出土了较多的琉璃瓦、鸱吻等建筑构件。在显应宫的门厅、东西侧殿、正殿内均发现有彩绘泥塑造像，目前共发现造像30余尊，这批造像接近真人大小，造型生动，色彩鲜艳，栩栩如生，与关中地区明代城隍庙画像十分接近，具有明显的关中、中原地域的特征。

中心楼，也叫玉皇阁，是一座营堡的规划中心，

清平堡遗址

显应宫

一般是一座高台楼阁式建筑，高台下设"十"字形四出券洞，向四方延伸分布四条街道，将营堡分割为四个区域。清平堡的中心楼在显应宫的东侧，仅残存一处平面长方形的砖砌高台，是台体部分，上部的楼阁建筑完全损毁。台体平面本来呈方形，边长12米，南侧又二次增建5米长的

部分，现总体呈长方形，南北长17米，残存高度4.5米。台体为夯土包砖结构，夯土含沙量大，质量较差，夯土顶部被破坏，四面包砖被风沙侵蚀严重，西、北两侧尤其严重，台体东侧包砖部分整体倒塌。台体西侧北部有砖砌登台踏步，可直通台顶。台体下设四出券洞，但都已被风沙填实，东、

中心楼

中心楼南街道及两侧的民居

邻街商铺

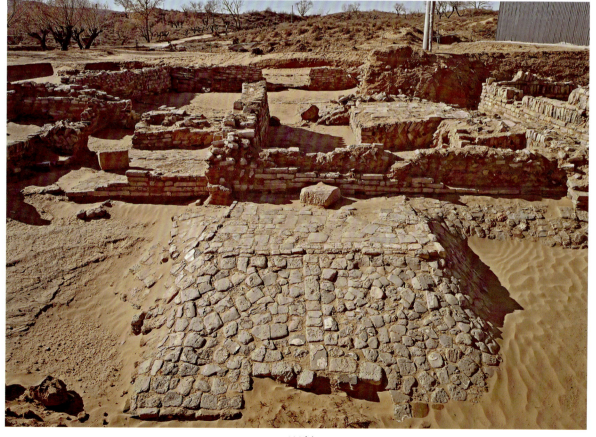

三瓣蝉翅

民居院落

南、西三侧券洞口砌砖封堵。中心楼台体下东、南两侧券洞均连接笔直的街道通向堡门，北侧券洞也连接街道，但并不是直行街道。西侧券洞向西的街道被显应宫扩建部分所占压。

在中心楼南侧街道西侧，清理出一排商铺，为一间房屋，在临街一侧没有门，但在墙外设有小的月台，为三瓣蝉翅的结构。判断月台正上方对应的是房屋窗户，这是当地民间商业活动场所常见的建筑格局。堡内居民在此进行日常的商业贸易活动。

在中心楼东南和西南区域，清理出分布密集的小型砖砌房屋建筑遗迹，只残存下半部分，分成若干个院落。院落之间或以砖墙间隔，或以小巷间隔，单个院落面积约100平方米，均包含有一间或数间房屋和一个小院。单间房屋面积在10平方米左右，房内基本都有砖砌的火炕，占房内面积的1/2稍多，是典型的北方建筑风格。院内有碾房，是典型的农耕文化遗存。没有发现厕所

和水井等遗迹。堡内居民（驻屯兵丁及其家属）在此生活起居。

（二）遗物介绍

清平堡遗址考古发掘出土的遗物主要以建筑材料为主，主要为青砖，另有筒瓦、脊筒等构件，还有一部分生活遗物，主要有各类瓷器残片，釉色有白釉、黑釉等，时代为从明代中期的成化年间至清代早期的康熙年间。

目前已经对显应宫内的10尊泥塑神像进行了初步的清理与加固保护工作。神像均为木骨泥胎，表面施以彩绘。这批神像属于典型的明代城隍庙内泥塑造像类型，身份有城隍、阎罗、判官、小鬼等。在正殿城隍塑像上的颜料有3层，第一层和第二层都是在白色底障层上施彩绘，第三层是用白色纸代替底障层，在纸上施彩绘。在侧殿神像表面的均只有一层颜料。彩绘所用颜料均为常见的矿物颜料，在彩绘的基础上又采用了贴塑、沥粉堆金的装饰手法。

城隍神像

小鬼塑像

《重修显应宫殿》碑

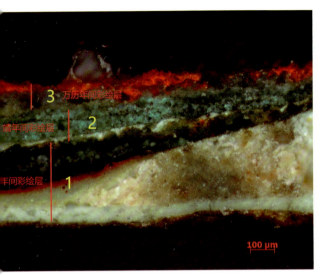

塑像彩绘颜料层

后，又经过两次重饰，侧殿神像则是一次修成之后未再加重饰。根据发掘清理出的遗迹叠压关系判断，显应宫、中心楼都是有前、后两期建筑，后期建筑的时间应该就是扩建显应宫的万历二十六年前后。

三、初步认识

在显应宫院内出土了一通石碑，碑文记录了万历二十六年（1598年）时任延绥镇副总兵杜松主持重修扩建显应宫，在嘉靖年间也有过一次重修。碑文内容恰好佐证了考古发现的遗迹叠压情况，并给出了对应的具体时间。显应宫大殿神像的彩绘颜料则显示该神像在初次修成

通过调查，发现清平堡位于沙漠地带，周边环境并不像其他营堡一样有较多适于耕作的土地。其处于一处东西向分布的槽形地带内，这个区域正是东西交通的咽喉位置，反映了明朝最初修建清平堡的目的就是控扼交通进行军事防御。但正是这一便利交通的有利条件，使得清平堡成为一处重要的贸易集市，沟通长城两侧，不同的民族和文化在此接触、交流，进而融合为一体。尤其是一处完整的民居院落，既有北方文化特征的火炕，也有中原文化特征的碾房，充分体现不同区域文化的融合。

清平堡的废弃发生于康熙年间，当时长城两

鸱吻

琉璃瓦

侧同处于一个政权治理之下，作为军事防御的长城及其营堡就不再具有存在的必要了。明清鼎革之后，很多营堡都改变功能，成了当地县乡一级行政机构驻地，继续发挥着一个聚落的作用，但是清平堡很快被废弃，并掩埋于黄沙之下。

目前发掘的遗迹都被厚达2～3米的沙层埋压，整个营堡内也基本被沙层覆盖，反映出在明清小冰期时期，当地气候环境干冷，风沙肆虐是一种常见的自然现象。

四、价值与意义

清平堡遗址的价值最重要的是能体现出长城两侧不同的民族、文化在此相互接触、交流与融合。城郭的修建是中原农耕文化的体现，也是一种军事防御的建筑形式。黄沙掩盖下的清平堡基本完整保存了原始的布局和结构，是一个明长城营堡格局的较好范例，十字街道中央建一座高台楼阁式的中心楼，这是中原传统商业性市场的代表性布局，最早见于1965年成都市新繁镇采集

的汉代画像砖，其上描绘了一处当时的市场形象，十字街道中央处是一座两层的楼阁。这样的遗迹不见于政治性的城镇中，但延绥镇的三十六营堡以及长城沿线的其他一些营堡都是如此，说明当时长城沿线的商业贸易活动兴盛。这种建筑布局与形式，反映了清平堡兼具了军事和贸易双重的功能。

经初步揭露，显应宫建筑的轴对称分布格局、营堡内砖砌的房屋等遗迹所体现出的中原文化特征，火炕体现出北方文化特征，这些均体现出长城沿线清平堡内曾经发生的文化交流和民族融合。

清平堡，当时既是长城两侧军事对垒的前沿，更是文化交融的所在地，也是民族融合的发生地。清平堡遗址的考古工作，对于研究长城两侧经济互动、文化交流、民族融合的方式与过程有重要意义，可以展示并说明中华文明的形成发展与中华民族的形成发展的方式与过程，进一步强化民族团结，加强民族凝聚力，提升文化自信心。

■ 撰稿：于春雷、张亚旭、李坤

ABSTRACT

The Qingping Fort site is a fort in the Great Wall section of Yansui-Zhen, one of nine border defense regions along the northern border of the Ming Dynasty. It was abandoned in the early Qing Dynasty and quickly buried in the desert, preserving its original layout and structure, free from disturbance by human activities. The Town Deity (Cheng Huang) temple, Central Building (Yuhuangge), streets, small residential courtyards and other relics were uncovered in the Qingping Fort Site. Painted idols, stelae, building materials, relics of human activities were unearthed. The relics uncovered have distinct military or commercial characteristics, as well as clearly displaying cultural characteristics of the Central Plain and of Northern China, reflecting various conditions of economic exchange, cultural exchange, and ethnic integration near the Ming Great Wall.

考古中国

重大项目成果（2021）

ARCHAEOLOGY CHINA ACHIEVEMENTS OF MAJOR PROJECTS